ケロポンズの
あそびネタ2

ケロポンズ 著

もくじ

1 はじめましてのあそびネタ
はるなつあきふゆ ……… 8
タッチ ……… 11
ロックじゃんけん ……… 12
イカス！ ……… 14

2 つくってたのしいあそびネタ
ぽんぽんドーナツ ……… 16
スタンプぺったん ……… 18
ぼくらのタンザニア ……… 20

3 運動会のあそびネタ
ケロポン体操 ……… 24
エイエイオー ……… 28
トンネル玉入れ ……… 29
どうぶつかけっこ ……… 29

4 なりきってすてきのあそびネタ
荒野のカウボーイ ……… 34
オサルデサルサ ……… 38

5 さわってうれしいあそびネタ
ふれあいポンチ ……… 42
こんがりケーキ ……… 44

COLUMN ✽ keropon's
こんにちは、ケロポンズです！ ……… 4
野外であそぼう ……… 30
ミュージックパネルの基本 ……… 46
なんでもあそびネタ ……… 66
たっぷりあそんだあとは、
おなかいっぱい「おにぎり」をどうぞ。 ……… 94

6 ミュージックパネルのあそびネタ

新・しりとりパネル ……… 48
ねんねのこもりうた ……… 50

7 クリスマスのあそびネタ

ぼくはだれ？ ……… 54
ゆきだるまのサンタさん (オペレッタ) ……… 56

8 お正月のあそびネタ

もちもちやっほい ……… 70
森のおんせん ……… 72
おもちがとれない ……… 74

9 おどってにっこりあそびネタ

南国のうた ……… 76
まかせてください ……… 79
Let's sing a song ……… 82
おにぎり ……… 84

10 うたおうケロポンズ (ピアノ譜)

はっぱ ……… 88
りんご ……… 90
Wonderful Life ……… 92

あそびのコネタ

まちがいさがし ……… 6
いたずらがき ……… 32
めいろ ……… 52
あみだくじ ……… 68

keropon's column 1
こんにちは、ケロポンズです！

ケロ ケロこと増田裕子とポンこと平田明子の最強コンビ・**ケロポンズ**がお送りする「あそびネタ2」いよいよはじまりです！

ポン ぐううぐううう〜〜

ケロ ちょっとちょっとお！ ぽんちゃんったらまた寝てる〜〜

ポン うん あそび**ネタ**の本だからね 寝ちゃったの

ケロ こらこら **寝た**じゃないの！ネタです

ポン え？**ネタ**ってなに？

ケロ そうねえ、ネタっていうのはお寿司でいったらトロとかイカとか穴子とかエビとかいろいろあるよねえ〜。

ポン え？ **お寿司??** 食べた〜いっ

ケロ もうっ だからそういうことじゃなくってっ。ネタっていうのはね、お寿司だとご飯だけじゃだめでしょ。**ネタがないとはじまらない**わけよ。しかもいろんな種類があるわけね。そしてどれも自分で**選べる**し場合によってはいろんな風に**アレンジ**できたりもするわけ。

ポン うんうん じゅるじゅる〜〜 **おいしそう**……（よだれ）

ケロ つまり、あそびネタも一緒でね。あそびのちょっとしたヒントとかちょっとしたきっかけとかになったり、あそんでいくうちに違うものになったりとか **あそぶひと次第でいくらでもおいしくしたりふくらませたりできる**ってわけなんです。保育園 幼稚園、ご家庭などでこどもたちとそんな風にネタをあそんでもらえたらいいなと思うわけであります！

ポン そうかあ〜。なんか**てんこ盛り**で**おいしそう**な本じゃなあ〜

ケロ んん……？ まあそんなような本であります。写真集としても楽しめる？ と評判の高いこの**あそびネタてんこもりブック** ぜひこどもたちはもちろん ご近所お誘いあわせのうえ**お楽しみくださいけろぽん〜〜〜〜！**

ケロポンズの **ポン**こと 平田明子

ケロポンズの **ケロ**こと 増田裕子

旅はケロポン世はケロリ

平田明子／作詞　増田裕子／作曲

というわけで、いよいよ "あそびネタ" です！
まず、この、「旅はケロポン世はケロリ」をうたいながら、ねり歩きましょう。
「よってらっしゃい、よってらっしゃい」音の出るものをならしながら
ちんどんやさんの気分です。

さあ、はじまるよ、はじまるよ！　あそんでらっしゃい！

おんびのコネタ

まちがいさがし
右の絵と左の絵、ちがうところが3カ所あります。みつけられるかな？

う〜〜〜ん……あと1つが……

ケロは
みつけました！

1 はじめましての あそびネタ

ケロ ● こんなわたしでも、初めての人に会うときはすっごく緊張するんだよ。

ポン ● え？　そうだったの??　そんなふうに見えないなあ。

ケロ ● こらっ！　人はみかけによらないものよっ！

ポン ● すんません……。でも、ケロちゃんはすぐに仲良くなれるでしょ？

ケロ ● まあねえ。とりあえず笑っちゃうとか、ちょっと、さわってみちゃうとか、そんなことでけっこううちとけちゃうんだよねえ。

ポン ● それでいいんだあ……。

ケロ ● そうだよ。難しく考えすぎないこと、それがいちばんだケロ！

ポン ● やってみるポン！

はじめましての あそびネタ

はるなつあきふゆ

平田明子／作詞　増田裕子／作曲

はじめてで、緊張していても、拍手はできます。うたえます。
気がついたら笑顔になっている……。これは、そんなあそびです。

（楽譜：F　Gm　C　F）
こ と し も また はる が き た—　ぼ く ら に あ た ら し い はる—
こ と し も また なつ が き た—　ぼ く ら に あ た ら し い なつ—
こ と し も また あき が き た—　ぼ く ら に あ た ら し い あき—
こ と し も また ふゆ が き た—　ぼ く ら に あ た ら し い ふゆ—

（楽譜：F　Gm　C　F）
み ど り の と び ら を あ け て—　か い だ ん を ひ と つ の ぼ る—
そ ら い ろ の と び ら あ け て—　ス キ ッ プ し て で か け よ う—
オ レ ン ジ の と び ら あ け て—　こ こ ろ に か ぜ を い れ よ う—
ぎ ん い ろ の と び ら あ け て—　お お き く し ん こ き ゅ う す る—

（楽譜：B♭　C7　F　Dm　Gm　C　F　F7）
※う れ し い ね はる　た の し い ね はる　す て き だ ね はる　だ い す き な はる
　う れ し い ね なつ　た の し い ね なつ　す て き だ ね なつ　だ い す き な なつ
　う れ し い ね あき　た の し い ね あき　す て き だ ね あき　だ い す き な あき
　う れ し い ね ふゆ　た の し い ね ふゆ　す て き だ ね ふゆ　だ い す き な ふゆ

（楽譜：B♭　C7　F　Dm　Gm　C7　F）
み ん な の え—が お　や さ し い え—が お　こ の そ ら に と ど け よ う—

はじめは手拍子

うたの※から手拍子しましょう。
「はる」「なつ」「あき」「ふゆ」の
歌詞が出てきたら、
そのリズムに合わせて、手拍子。

♩♩のリズムで
たたくよ。

©2002 by CRAYONHOUSE CULTURE INSTITUTE

こんどは足拍子

うたの※から足を踏みならします。
「はる」「なつ」「あき」「ふゆ」の
歌詞のところで、
そのリズムに合わせて踏みならすよ。

ドンドンッ!!

♪♪のリズムで足拍子。

なれてきたら ちかくにいる人といっしょに

近くにいる人とからだのどこかを、くっつけあいましょう。

手と手

バンバンッ!

おしりとおしり

プップ〜!

腰と腰

ポンポンッ!

はるなつあきふゆ

ちょっと、むずかしくなるよ

こんどは、歌に合わせて、あたま、肩、おなか、ひざ、と順番にたたいていくよ。
まずは、ひとりでやってみよう。

♪① （うれしいね）はる　② （たのしいね）はる　③ （すてきだね）はる　④ （だいすきな）はる
　⑤ （みんなのえ）がお　⑥ （やさしいえ）がお

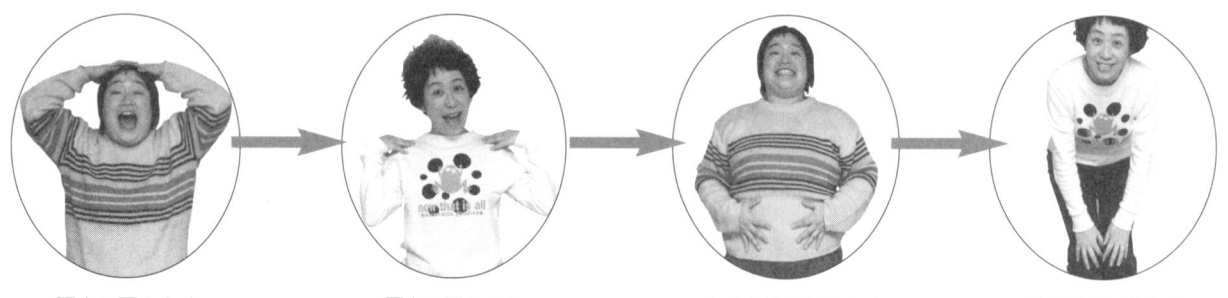

頭を2回たたく。　　肩を2回たたく。　　おなかを2回たたく。　　ひざを2回たたく。

♪⑦　この　そら　にと　どけ　　　　♪⑧よ ー う

頭、肩、おなか、ひざの順に
1回ずつリズムに合わせてたたく。

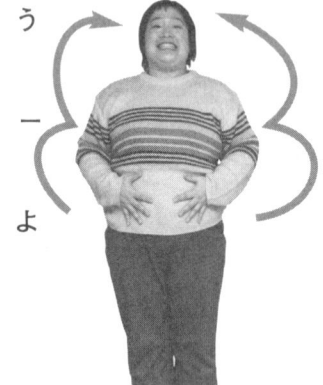

おなか、肩、頭の順に
1回ずつリズムに合わせてたたく。

歌をだんだん速くしていくと、
振りが間に合わなくなったり、
変なことしてしまったりして、
おもしろいよ。

最後は「あたま」で終わるはず。

もっと、むずかしくなるよ

上の動きを、近くの人といっしょにやってみよう。

頭　　　　　肩　　　　　おなか　　　　ひざ

はじめましてのあそびネタ

タッチ！

平田明子／作詞　増田裕子／作曲

とにかくたくさん走りまわって、からだをほぐす。
そして、ちかくのひととタッチ！　はじめましてのあそびの極意です。

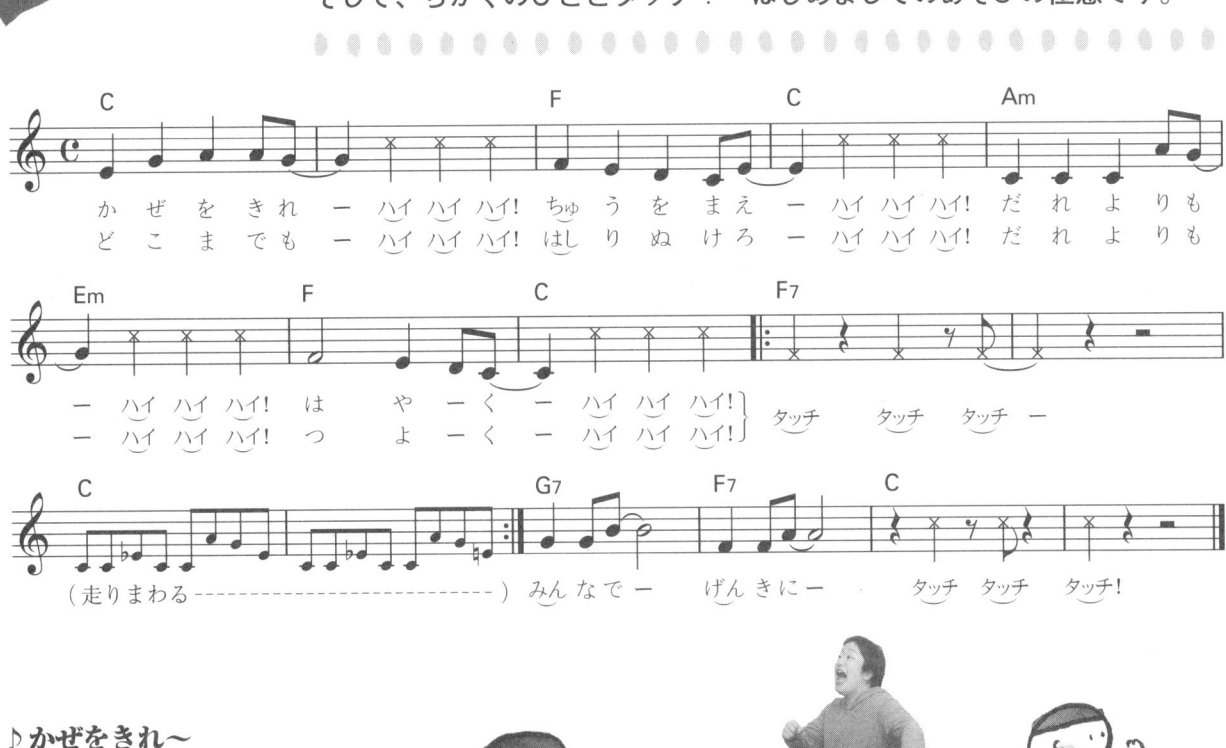

♪かぜをきれ〜
あたりを自由に走りまわる。
いろんなところへ行こう。

♪ハイハイハイ！
うたの途中の「ハイハイハイ！」
では、片手をあげて。

♪タッチタッチタッチ
近くのひととタッチ。
どこでタッチするか、
ふたりで決めよう。

ゆび

おしり

あしのうら

©2003 by CRAYONHOUSE CULTURE INSTITUTE

はじめましてのあそびネタ

ロックじゃんけん

平田明子／作詞　増田裕子／作曲

はじめてのひと同士でも、じゃんけんなら、へいきさ。
ロックのビートにのって、ガガンガ〜ン！　となかよし!?

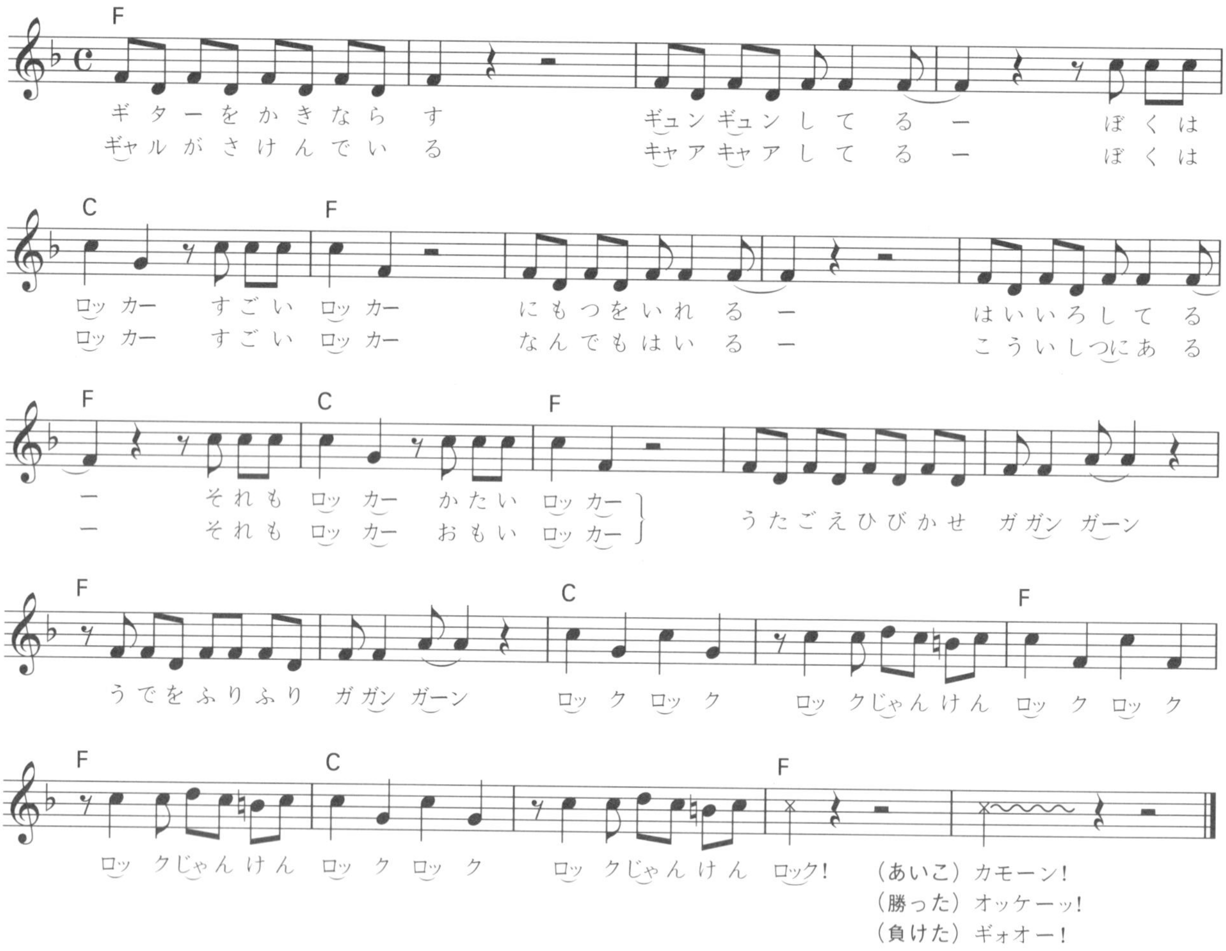

(歌詞)
ギターをかきならす　ギュンギュンしてる — ぼくは
ギャルがさけんでいる　キャアキャアしてる — ぼくは

ロッカー　すごい　ロッカー　にもつをいれる —　はいいろしてる
ロッカー　すごい　ロッカー　なんでもはいる —　こういしつにある

— それも　ロッカー　かたい　ロッカー　うたごえひびかせ　ガガン　ガーン
— それも　ロッカー　おもい　ロッカー

うでをふりふり　ガガン　ガーン　ロック　ロック　ロックじゃんけん　ロック　ロック

ロックじゃんけん　ロック　ロック　ロックじゃんけん　ロック！
(あいこ)　カモーン！
(勝った)　オッケーッ！
(負けた)　ギォオー！

♪ギターをかきならす　ギュンギュンしてる

エレキギターを弾いているつもりで。

♪ぼくはロッカー　すごいロッカー

ギターをにぎっている部分を、大きく上げ下げする。

♪にもつをいれる　はいいろしてる

両手で、四角を描く（ロッカーのつもり）

♪それもロッカー　かたいロッカー

ロッカーに荷物を入れるつもりで、両手を前に出したり引いたり。

♪うたごえひびかせ
　ガガンガーン

片手はマイクを持つまね、もう片方の手は、頭の上で振り回す。

♪うでをふりふり
　ガガンガーン

片手はマイクを持つまね、もう片方の手は、激しく上下に振る。

♪ロックロック
　ロックじゃんけん……

にぎりこぶしをつくり、リズムに合わせて左右交互に力強く前に出す。

ロック！

歌の最後の「ロック」で、じゃんけん。

勝ったら**オッケー**という　負けたら**ギャオー**という

ロック！

あいこのときは──

カモーン

はじめましてのあそびネタ

イカス！

平田明子／作詞　増田裕子／作曲

何をするかがよくわかると、不安が少なくなります。そして、からだをうごかすと、どんどん、きもちもほぐれていくのです。

（楽譜：ヤリイカ　モンゴウイカ　スルメイカ　イーカース！）

歌の最後の、「イカス！」の「ス！」で、リーダーと同じポーズになれるかどうか、を楽しむあそびです。

まず、3つのイカのポーズを覚えよう

ヤリイカ　両手を上げて、指先をくっつける。

モンゴウイカ　両手を脇の下にあてて、足をガニ股にしてひざを曲げる。

スルメイカ　腰を曲げて両手を下に垂らし、小刻みに揺らす。

あそび方
①リーダーを決め、それぞれのイカのポーズをしながら、みんなでうたう。
②「イカス！」の「イ」「カ」でポーズを取りながら、最後の「ス！」でどのイカのポーズにするか考えよう。
③「ス！」リーダーと同じポーズになったかな？

右を向いて、右手を真横に、左手を真上。

左を向いて、左手を真横に、右手を真上。

ああ……ちがった…

ス！

＊ふたり組であそんでもたのしいよ!!

2 つくってたのしい あそびネタ

ポン・♪おにぎりたべよ〜（にぎにぎ……）
炊きたての〜……
ケロ・なにつくってんの？（のぞきこむ）
ポン・これね〜あんこ入りおにぎり！
（むしゃむしゃ〜うまいっ）
ケロ・うっそぉ。そんなのおいしいのぉ?! じゃあね、
ケロちゃんは梅とおかかとシャケとこんぶに、
ええと、ええと……ぜんぶ入れちゃおう！
ポン・わ〜欲張り過ぎだよおおっっ！
ケロ・いいの。いいの。自分でつくったおにぎりってさ〜
最高においしいんだもん。
ポン・そうだね、いっぱいつくってあそんじゃおう！

つくってたのしいあそびネタ

ぽんぽんドーナツ

平田明子／作詞　増田裕子／作曲

ドーナツが、かいじゅうになったり、どうぶつになったり……。
つくってたのしい、食べておいしい、ぽんぽんドーナツであそぼう！

きみのすきなの　どんなドーナツ　ぼくのすきなの　こんなドーナツ
どうなってるの―　こうなってるの―　どんなかたちか
できてのおたのしみ　だってだって　ぽんぽんドーナツ

ぽんぽんドーナツのつくり方

● 用意するもの ●

〈道具〉
天ぷら鍋、ボウル、ゴムベラ（しゃもじでもよい）、スプーン、さいばし、バット、竹串

〈ドーナツの材料〉
ホットケーキミックス、卵、牛乳、さとう、マーガリン
それぞれ適量

〈仕上げ用〉
粉ざとう、シナモン（パウダー状のもの）これも、適量

①

〈ドーナツの材料〉を、ボールの中に入れ、ゴムベラで、よくかき混ぜます。型抜きをするドーナツよりも、ゆるめの生地にするのがポイント。ヘラですくい上げたときに、こんもりとくっついてきて、ボテッと落ちるくらいのやわらかさが目安です（牛乳の量を、通常の3倍くらいにするとちょうどいいです）。

ボテッ

こんなかんじ

②

天ぷら鍋に油を入れて熱したら、ドーナツの生地をスプーンですくって入れます。このとき、タネを丸くして入れたり、長～く伸ばすように入れたり……、いろんな形に挑戦してみよう！

＊高いところからタネを落とすと、油がはねる場合がありますので注意してください。

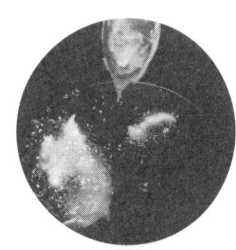

生地をスプーンですくって、油のなかへ。ふちがきつね色になったらひっくり返します。

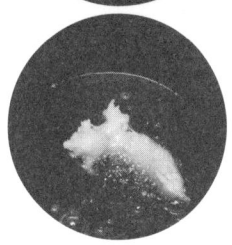 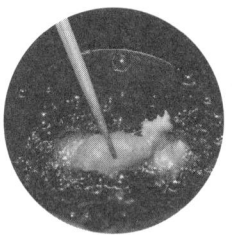

③

できた！

全面がきつね色になって、竹串を刺しても何もついてこなければ、できあがり。

仕上げに、お好みで、シナモンを混ぜた粉ざとうをまぶします。

ぽんぽんドーナツであそぼう①名前をつける

ケロ氏代表作
じらもんげさん

ポン氏代表作
おしりさん

ぽんぽんドーナツであそぼう②かいじゅうごっこ

ヤーッ　トウッ

最後はやっぱり、いただきま～す！

つくって たのしい あそびネタ

スタンプぺったん

増田裕子／作詞　平田明子／作曲

スタンプのおもしろさは、かくべつです。
思いもよらないかたちが見えてきたりして、やめられません。

なんでもかんでもスタンプ

● 用意するもの ●
画用紙・絵の具・刷毛・絵の具を入れるトレー
スタンプするものは、左の写真のように、
なんでもかんでもよい。

たわしに絵の具をつけて
ペッタンしたら、
こんな形になりました。

いろんなものに絵の具をつけて、
ペッタンしよう。

できあがった作品に、題を付けよう。

「風呂場の足跡」　「もじゃもじゃ」

ダンボール版画

● **用意するもの** ●

ダンボールをA4サイズの大きさにしたもの。
ハサミ・書けなくなったボールペン・のり・セロテープ・絵の具・刷毛・模造紙
毛糸、わりばし、輪ゴムなど、模様をつくることができそうなもの。

こんな方法をつかうと、
おもしろい模様ができます。

① はがす

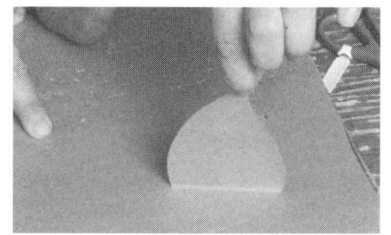

ダンボールの表面の紙をはがす。
縞模様ができる。

② さす

書けなくなったボールペンをつかう。
点々模様ができる。

③ 貼る

毛糸などを貼る。
セロテープで貼ると水を弾いておもしろい模様ができる。

④ 切りぬく

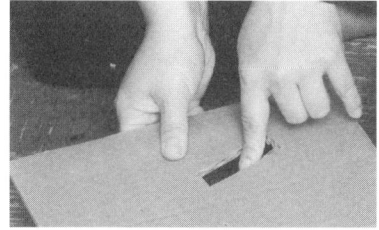

手でちぎってもおもしろい。

版ができました。

①版に、絵の具をぬる。
色は何色でもいい。

②絵の具が乾かないうちに模造紙をかぶせ、上からおさえる。

③模造紙をそっとはがす

できたー！

「はちの巣の森」

作品に題をつけよう

「とりの旅」

つくって たのしい あそびネタ

ぼくらのタンザニア

平田明子／作詞　増田裕子／作曲

世界中にはたくさんの国があります。
どんなところに住んでみたいか考えて、その国の旗をつくろう。

ケロポンズが大好きな国、タンザニア

- タンザニアは、とにかく自然がいっぱいで、どうぶつたちともふれ合えます。
- タンザニアは、おいしいものがたくさんあります。
- タンザニアは、めずらしい楽器や踊りがあります。
- タンザニアは、たのしいひとと出会えます。

↑タンザニアの国旗

住みたい国をつくっちゃおう！

実際にある国もいいけれど、「こんな国があったらいいなあ」と思う国をつくりましょう。
たとえば──
- おいしいカレーライスを毎日食べられる国
- 動物と話ができる国　●おどってばかりの国　●うたってばかりの国
- あそんでばかりの国　●いつでもあたたかい国　●だれもけんかをしない国
- ねむってばかりの国　●考えたことが本当になる国　●魔法使いになれる国
- ほしいものがなんでもある国　●泣き虫ばっかりの国
- アイスクリームとチョコレートしかたべちゃいけない国

などなど

住みたい国の旗をつくろう

● 用意するもの ●

紙、わりばし2本、
セロハンテープ、
クレヨンなど

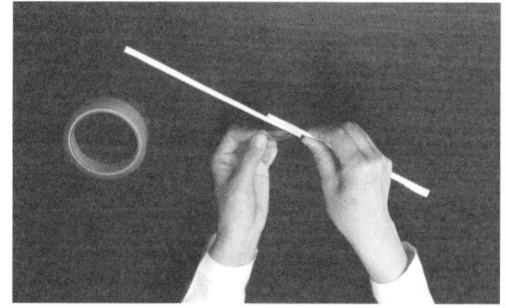
①2本のわりばしを、セロハンテープでつなげる。

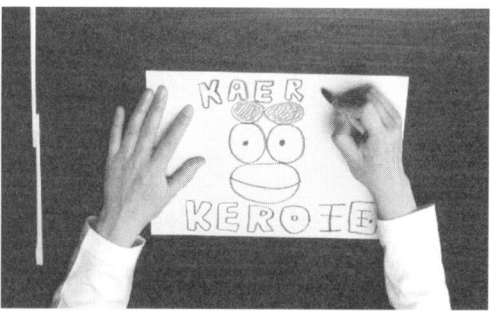
②紙に、旗になるような絵を描く。

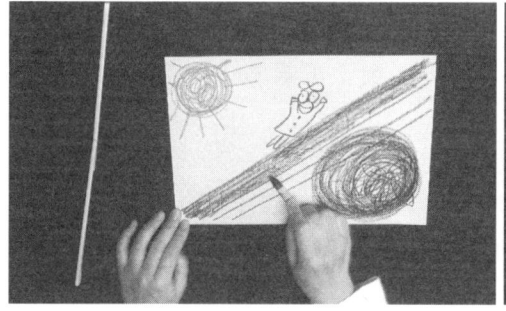
③裏にも描く。

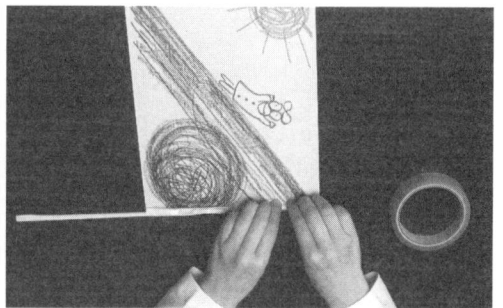
④①のわりばしを、旗の端にセロテープでとめる。

ケロポンズはこんな旗

ポンちゃんは、たべものの国

おいしいたべものが
いっぱいある国です。

ケロちゃんは、kero王国

大好きなカエルが、
たっくさんいる国です。
ケロは、
この国の王さまです。

住みたい国のことばをつくろう

「こんにちは」「さようなら」「ごめんなさい」の3つ。

おにぎーり　ケロケーロ　　　ももバナ〜ナ　ゲコガエル〜

こんにちは

たまごかけ
ごはーん　さようなら　ケロリンパ

ごめんなさい

ぼくらのタンザニア

住みたい国のダンスをつくろう

ダンスがあれば、いろいろな国のひとたちとすぐになかよくなれる。
つくった旗を持って、歌に合わせて、とにかくからだを動かそう！
それが、ダンス。ほかの国のひとのダンスをまねてもたのしいね。

さいごはなかよく
いっしょにおどろう！

ケロケロダンス

パクパクダンス

世界はひとつ。みんなでひとつの旗をつくろう

大きなポリ袋を切り開いて、両端に長い棒をつけたら、大きな旗のできあがり。
みんなで絵を描いて、歌いながら、パレードしよう！

3 運動会のあそびネタ

ポン● ケロちゃんちいさいころ運動会すきだった？
ケロ● 運動会って競争とかは苦手だったなあ。ポンちゃんは？
ポン● お昼のお弁当が楽しみじゃったあ？
ケロ● んもう。お弁当は運動会だけじゃないでしょっ！！　じゅるるっ……
でも、おとうさんやおかあさんとお弁当を食べたり、みんなで応援したりするのは楽しかったよね〜。
ポン● そう。なんでも楽しむっつうことが大事なんだね！お弁当を食べるのも！！
ケロ● もうええっちゅ〜てんねん！
（ばしっ！）
ケポ● 楽しい運動会、
　　　エイ　エイ　オ〜！

運動会のあそびネタ

ケロポン体操

平田明子／作詞　増田裕子／作曲

運動会に欠かせないのが、準備体操。
「ケロポン体操」で、からだをほぐしましょう。

きょうも元気にケロポン体操！

ケロポン体操

前奏
両手をまっすぐ伸ばし、「きをつけ」の姿勢。

A

ケッポロケロンから

1・2・3・4　　　ケッポロ　　　ケロン

腕を開いて膝を曲げたり　　左足、斜め前。　　右足、斜め前。
のばしたりしを4回。　　　両手、左斜め上。　　両手、右斜め上。

Aは、同じ動きを4回するんだよ。

B

こんどは急いでチタチタとびポン

1・2 3・4　　　チタチタチ　　　チタチタチ

早足でその場を1周。　　早足で前に進む。　　早足で後ろにさがる。

Bは、同じ動きを2回するんだよ。

C

とびポン　　　とびポン　　　カエル

両手の手のひらを下に向け、　両手の手のひらを下に向け、　両手の手のひらを下に向け、
両足を揃えて右にジャンプ。　両足を揃えて左にジャンプ。　腰を落として、カエルポーズ

Cは、同じ動きを4回するんだよ。

C' やわらカエルー　　やわらカエルー　　やわらカエルー　　やわらカエルー

「前後ろに」　　　　　　　　　　　　　　　「横にも」

×2回　　　　　　　　　　　　　　　×2回

前屈して　　　後ろに反る　　左に反って、左側筋伸ばし　　右に反って、右側筋伸ばし

D

「しっかり腰をふにゃここしよう」

ふにゃここしましょ
両手を頭の後ろにあてて、腰をぐるぐるまわす。
反対まわりも。

A

「はじめにもどってケッポロケロン」

Aの動きを4回するんだよ。

E　スーー　　　ハーー　　　スーー　　　ハーー

「最後は大きくケロポンスーハー」

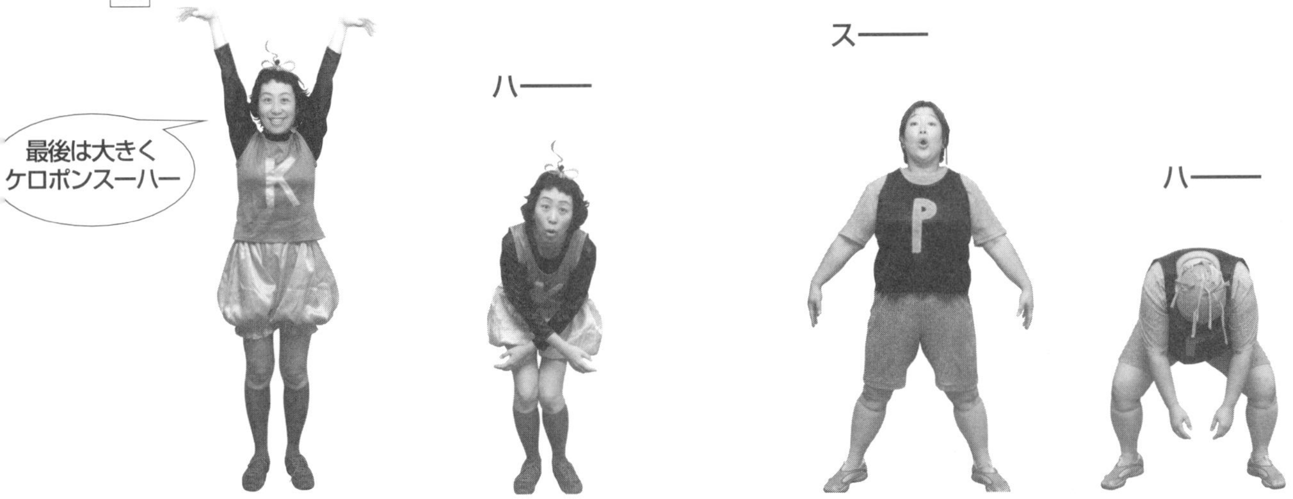

「スーーー」で大きく息を吸って伸びあがり、「ハーーー」で息を吐きながら力を抜く。

きまった!?

体操の終わりは、ぐるりとまわって、じまんのポーズ！

運動会のあそびネタ

エイエイオー

平田明子／作詞　増田裕子／作曲

運動会の出し物、困っていませんか？　ケロポンズにおまかせください。
簡単でエキサイティングなものをご用意しました。

♪ （楽譜）
あかぐみさんだけ エイ エイ オー！
しろぐみさんだけ エイ エイ オー！
みんないっしょに エイ エイ オー！
エイ エイ オー！

応援合戦

大きな声を出すと、それだけで、気分は運動会！
歌に合わせて「あかぐみ」さん「しろぐみ」さんが「エイエイオー！」と立ち上がる。
組がたくさんある場合は、その組を全部入れて、うたう。
「みんないっしょに〜」からは、全員で、大きな声で「エイエイオー！」

あかぐみさんだけ　　しろぐみさんだけ　　みんないっしょに　エイエイ オー！

歌の「エイエイオー！」を、
いろいろに変えて応援しよう。

あかぐみさんだけ　アッカンベー

しろぐみさんだけ　かたたたこう

あかぐみさんだけ　拍手

しろぐみさんだけ　ジャンプ

トンネル玉入れ

地面に描いた円の中に、
丸めた新聞紙のボールを、
いちばんたくさん入れたチームが勝ち！

じゃまする先生

先生は、円の外に立ちはだかって、
ボールが円に入らないように、じゃまする。

スタート

よーい、ドン！

犬だ〜

カニだ！

どうぶつかけっこ

裏返しにおかれているカードをひろい、
そこに描かれているどうぶつになって、走る。

ゴール

いろいろおもしろいどうぶつを考えよう。

どすこい！

お相撲さん!?

keropon's column 2

野外であそぼう

もう、あそびのネタ切れだ……と思ったこと、ありませんか？
そんなとき、「ヤッホー」をうたいながら、みんなで野外へ出かけましょう。
自然には、あそびネタが、たっくさんあります。
それに、無理にあそばなくても、外にいるだけで、いい気持ちになりますから。

山であそびネタ① 文字探しウォーキング

○○ 2文字のもの探し
あな / あわ / こけ / とげ 

○○○ 3文字のもの探し
きのみ / きのね / きのこ

○○○○ 4文字のもの探し
きいちご / プロペラ / いもむし / さわがに

ヤッホー

平田明子／作詞　増田裕子／作曲

やまへ いったら ヤッホー！　　のぼりみちだよ ヤッホー！
やまへ いったら ヤッホー！　　くだりみちだよ ヤッホー！
やまへ いったら ヤッホー！　　でこぼこみちだよ ヤッホー！
やまへ いったら ヤッホー！　　おべんとたーべて ヤッホー！

ヤッホーは やまの あいことば　ヤッホー！ ヤッホー！ ヤッホー！

©2002 by CRAYONHOUSE CULTURE INSTITUTE

○○○○○ 5文字のもの探し

- にぎりめし
- なつやさい
- おべんとう
- かたつむり

山であそびネタ② 山の芸術家

山に落ちている枯れ葉や枯れ枝を組み合わせて、芸術作品をつくりましょう。ただし、たくさんひろわないこと。何か生き物がいないかどうか、よく確かめてからつくります。

作品名
葉っぱの休日
増田裕子・作

あそびのコネタ

いたずらがき

ケロちゃんポンちゃんのかおに、
いたずらがきしちゃおう！
おもしろいかお、つくってね。

たとえばこんな具合

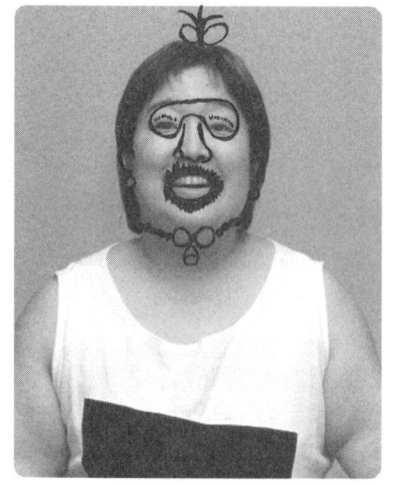

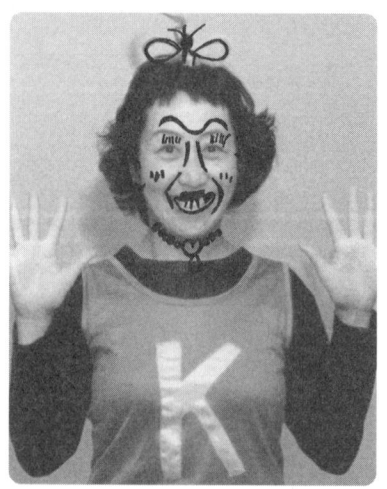

4 なりきってすてきの あそびネタ

- **ケロ**・ふたりでいるといつも ごっこあそびしてるよね。
- **ポン**・ごっこあそびたのしいね。 だってなりたいものな〜んにでも なれるんだもんねっ！
- **ケロ**・そうそう。 おすもうさんとかさ〜
- **ポン**・ごっつあんですっ。
- **ケロ**・ゆきだるまとかさ〜
- **ポン**・ごろんごろん
- **ケロ**・そう。そうなんだよ！ どうせやるなら恥ずかしがらないで、 なりきってあそぼ〜〜！！
- **ポン**・おう〜〜！！

なりきって すてきの あそびネタ

荒野のカウボーイ

平田明子／作詞　増田裕子／作曲

とつぜんですが、カウボーイになりきるというのは、いかがでしょう？
そうです、馬にまたがって荒野で決闘しちゃう、あれです。

立派なカウボーイになるために――その1 カタチがだいじ

なりきるためには、やはり、カタチがだいじ。カウボーイスタイルをつくります。
「フリンジ」(上着に付いているひらひらのこと。服に付いた雨粒が落ちやすくなる)付きの上着と、自分の馬を用意しよう。

フリンジ付きの服をつくる

● 用意するもの ●
服、すずらんテープ、ハサミ、セロテープ

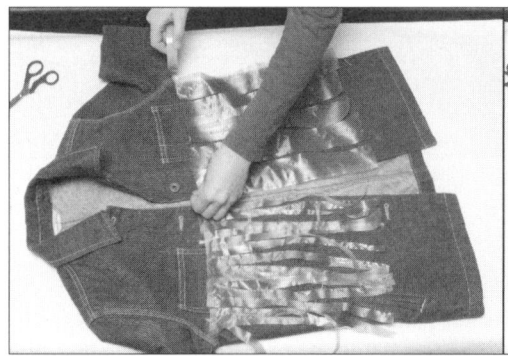

①スズランテープを、15〜30cmの間で、服にちょうどいい長さを決めて、10本くらい切っておく。同じ長さになるように切る。

②フリンジをつけたい部分に、すずらんテープを揃えて並べ、セロテープで貼り付ける。すずらんテープを好みの太さに裂いて、できあがり。

馬をつくる

● 用意するもの ●
ダンボール、ハタキ、すずらんテープ、ガムテープ、ハサミ、カッター、クレヨンなど

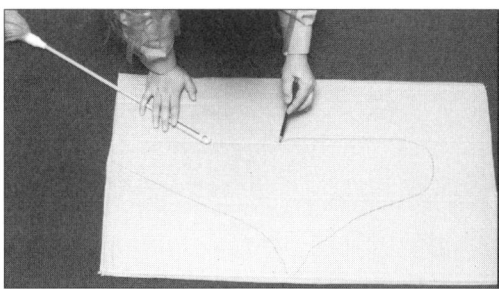

①ダンボールに馬の顔を描いて、切り抜く。

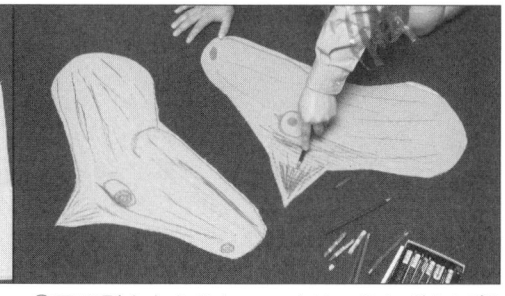

②同じ型をもうひとつつくり、それぞれに顔の右側、左側を描く。

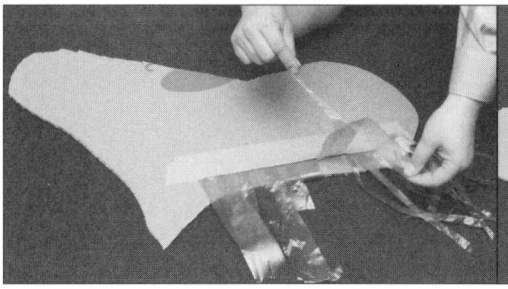

③すずらんテープを、15cmに切り、たてがみの部分に裏から貼りつけて裂く。

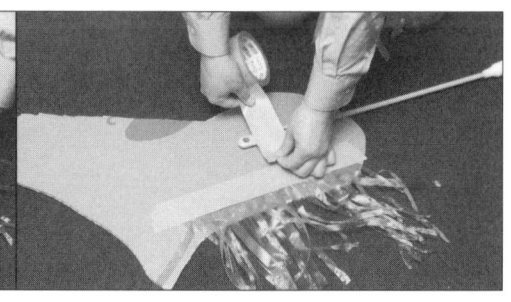

④片方の馬の首に、ハタキの持ち手の部分をガムテープで張りつける。

⑤2枚の顔の裏同士を貼り合わせる。

⑥口の部分に、手綱のすずらんテープを結びつけて、できあがり。

荒野のカウボーイ

立派なカウボーイになるために──その2 馬を乗りこなす

つくった馬を乗りこなそう。どんな暴れ馬も乗りこなさなければならない。
ハタキの柄の部分にまたがって、「はいどう！」

↑ダンボールでサボテンをつくって、サボテンの間を走り抜けるのもたのしい！

立派なカウボーイになるために──その3 集中力とすばやい動き

空き缶（または、割れにくいコップ）と、丸めた靴下（または、柔らかいボールなど）をつかって、カウボーイに要求される、集中力とすばやい動きを身につけよう。

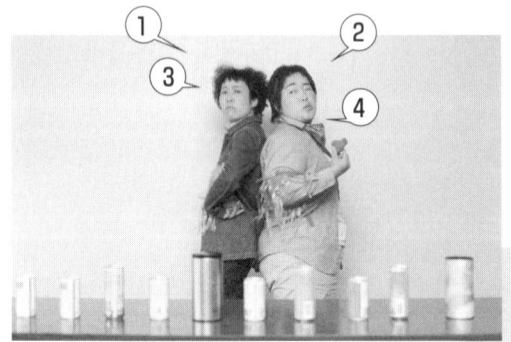

①平らなところに缶を並べ、丸めた靴下を持つ。
②缶から1.5メートル離れたところに、ふたりで背中合わせに立つ。
③ふたりでかわりばんこに「1」「2」「3」「4」と数えていく。

④ふたり一緒に「5」を言うと同時に、丸めた靴下を缶に投げる。
何度かくり返して、缶をたくさん倒したほうが勝ち！

立派なカウボーイになるために──その4 グラスキャッチ

カウボーイは、どこにいてもカッコイイ。店でもカウンターテーブルにしか座らない。
マスターが、カウンターの端から滑らせるグラスを見事にキャッチして、さりげなく飲む。
立派なカウボーイだったら、これくらいできなくちゃな。

「いつものやつたのむよ！」
「はいよ〜」

①カウボーイと、マスターの役を決め、テーブルの端と端に離れて立つ。

②カウボーイは、マスターに好きな飲み物を注文。

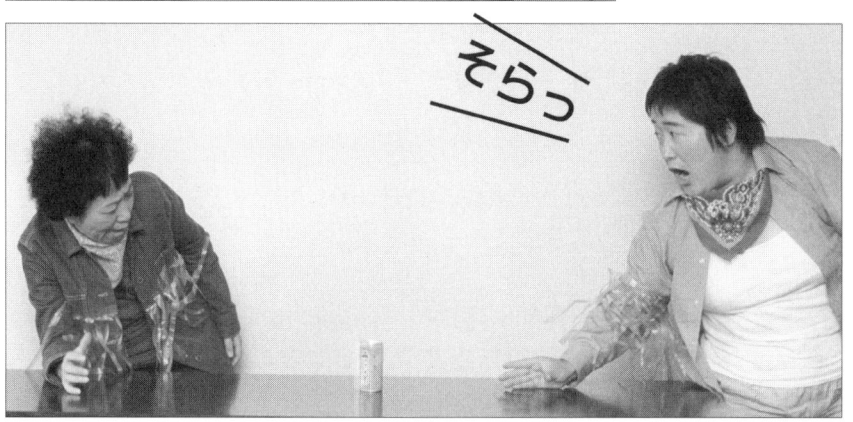

「そらっ」

③注文を受けたマスターは、缶（割れにくいコップでもよい）を、カウボーイのところまで滑らせる。

④カウボーイは、その缶をたおさないように、キャッチする。

「アウッ!!」「しっかり取りな」

おっと、これは、しっぱい！

「ナイスキャッチ！」「ごゆっくり！」

こんどこそ！　ヤッタ、成功！
おっと、あんまり喜びすぎちゃあいけない。
さりげなく、さりげなく。

さあ、きみは、これで、立派なカウボーイだ！

なりきってすてきのあそびネタ

オサルデサルサ

平田明子／作詞　増田裕子／作曲

おさるになるというのは、そんなにむずかしいことではありません。
サルサのリズムに乗っておどれば、たちまち「オサル」に大変身！

オ サル サル サ サル サ サル サ サル サ オサルデ ピュ オ
サル サ サル サ サル サ サル サ サル サ ウキキデ ハッ ピー！ *Fine*

1. しっぽできにぶら さがり キッ　バナナむいてたべ るの キキッ　ふりむいたかおが
2. あるひーもういっ ぴきの キッ　おさるがやってき たの キキッ　たいこたたくすが
3. ふたりいっきにな かよし キッ　いちにちじゅううた って キキッ　ずっといっしょに

とても キュー ト　いつも ニコニコ　わらっているのよ ウキ ウキ！
たが ワイル ド　リズム あわせて　うたっているのよ ウキ ウキ！
たくなった の　けっこん しようよ　たのしくくらそう ウキ ウキ！

3×*D.S. al Fine*
オ

まず、オサルのポーズ大研究

バナナちょうだい
オサル

いっしょにあそぼうよ
オサル

だれかおしりさわった
でしょオサル

ぶらぶらぶらさがり
オサル

© 2002 by CRAYONHOUSE CULTURE INSTITUTE

では、おどりましょう

※ ♪オ サルサ サルサ　　♪サルサ サルサ　　♪サルサ オサルデ

※
右足を1歩前に踏み出し、腰を左右に振りながら、両手を交互に上下に振る。

左足を1歩前に踏み出し、腰を左右に振りながら、両手を交互に上下に振る。

正面を向いて立ち、腰を振りながら、両手を交互に上下に振る。

♪ピュ

「オサル」のポーズ！
いちばん好きなオサルのポーズをしよう。

♪オ サルサ サルサ　　♪サルサ サルサ　　♪サルサ ウキキデ

※と同じ動き

♪ハッピー！
顔の横で両手を開く。

オサルデサルサ

♪ **しっぽできにぶらさがり** / **キッ** / **バナナむいてたべるの** / **キキッ**

手を腰にあてて、腰を振る。 / くるりと後ろを向いて止まる。 / 後ろ向きのまま腰を振る。 / くるりと前を向いて止まる。

♪ **ふりむい** / **たかおが** / **とっても** / **キュート**

足をそろえて前にピョン。 / 後ろにピョン。 / もうひとつ後ろにピョン。 / 前にピョン！

♪ **いつも** / **ニコニコ** / **わらって** / **いるのよ**

足をそろえて右にピョン。 / 左にピョン。 / 右にピョン。 / 左にピョン。

♪ **ウ** / **キ** / **ウ** / **キ！**

右手を左肩に。 / 左手を右肩に。 / 今度は右に傾けて。 / 上半身を左に傾けて。

5 さわってうれしい あそびネタ

ケロ ● ぱふぱふ。ぽんちゃんの肩ってきもちいいね。

ポン ● もさもさ。ケロちゃんの髪の毛っておもしろいね。

ケロ ● さわりっこするのって楽しいよね。あかちゃんやネコとかも
すぐさわりたくなるよね〜〜。

ポン ● さわると気持ちがほえ〜〜っとするんだよね。

ケロ ● そうそう。あたしはいやされてふにょ〜〜っとするよ。

ポン ● そうかあ（笑）。みんな感じ方は違うけど、
さわってあそぶって気持ちいいことなんだね。

ケロ ● いやし系だね。

ポン ● うん。わたしはいやしい系。

ケロ ● たしかに。

さわってうれしいあそびネタ

ふれあいポンチ

新沢としひこ／作詞　増田裕子／作曲

歌に合わせてとなりのひとの肩や膝を、ぽんぽん、さわろう。
ほらね、みんな、笑顔になりました。

みちをたずねただけなのに　どうぞおたべとにぎりめし
みしらぬひーとのはなうたに　ワワワとコーラスいれてみる
じんせいっていうながたびは　ちいさなであいのつみかさね

シャッターおーしただけなのに　おれいにもらったウーロンちゃ
ゆぶねにならんだだけなのに　きがつきせなかをながしてる
あしたはどーんなひとにあう　どーんなえがおがまっている

たびはふれあいー　よはーなさけ

ふれあいぽんちはー　きょーもゆく

©ask music. co, Ltd.

みんなで円になってすわろう（1列になってすわってもいいよ）

♪ みちを たずねた だけなのに　　　どうぞ おたべと にぎりめし

右手で、右隣の人の肩をたたく　　　左手で、左隣の人の肩をたたく

♪ シャッター おした だけなのに　　おれいにもらった ウーロンちゃ

両手で、右隣の人の肩をゆっくり押す。

両手で、左隣の人の肩をゆっくり押す。

♪ た ————— ー ————— び ————— は —————
　 ふれ ———— あい ———— ー ————— は —————
　 よ ————— は ————— ー な ———— さ —————
　 け ————— ー ————— ー ————— ー —————

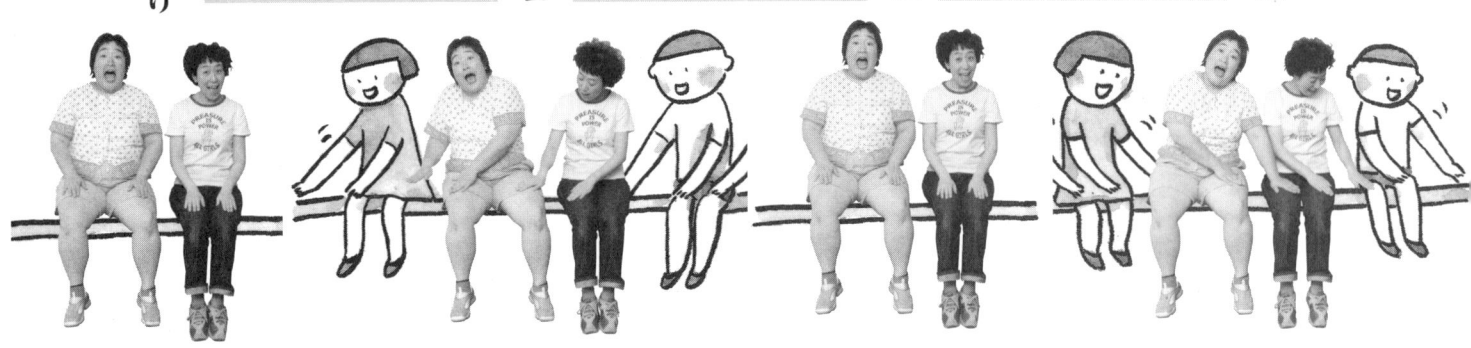

両手で自分の膝を、ポン。　左手で自分の膝、右手でとなりの人の膝を、ポン。　自分の膝。　右手、自分、左手、となりの人。

♪ ふ ————— れ ————— あ ————— い —————
　 ぽん ———— ち ————— は ————— ー ゆ ————
　 きょ ———— う ————— も ————— ゆ —————

♪ く ————— ー ————— ー ————— （ポン）

最後は手をたたく

さわってうれしいあそびネタ

こんがりケーキ

平田明子／作詞　増田裕子／作曲

あかちゃんも、大好きなあそびです。もちろん大人も大好きです。
やさしく、楽しく、さわってください。

こんがり（てのひら）ケーキ　できました　クリームたっぷり　ろうそくたてて
ナイフできって　いただきます　あむあむあむあむ〜

＊（　）のところは、「おしり」「あたま」「せなか」など、からだのほかの部分に変えてください。

てのひらがケーキです。

♪こんがりてのひらケーキできました 
てのひらをやさしくなでる。

クリームたっぷり 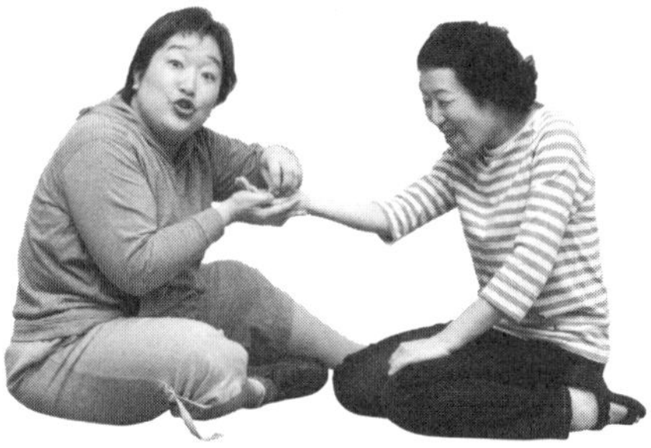
てのひらをくすぐる

ろうそくたてて 
人差し指で、てのひらをツンツンする

♪ナイフできって　いただきます 
指をナイフにして、てのひらの上をいったりきたり

あむあむあむあむ〜 
食べるまね。

「てのひら」を、「おなか」や「おしり」「ほっぺ」……、いろんなところに変えてあそぼう。

おなかケーキ

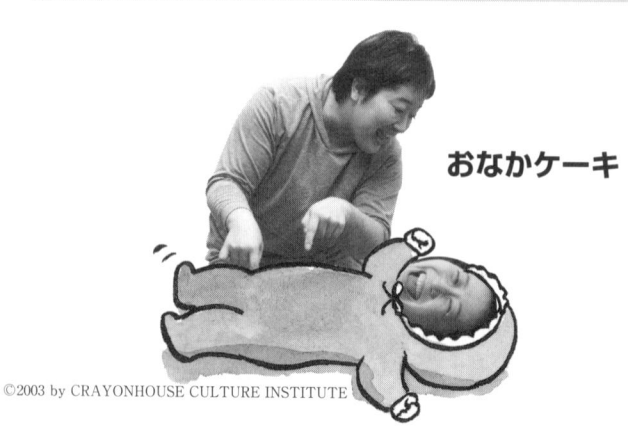

おしりケーキ

©2003 by CRAYONHOUSE CULTURE INSTITUTE

6 ミュージックパネルのあそびネタ

ケロ ● ミュージックパネルって知ってる？

ポン ● あ、あの増田裕子さんがやっているシアターでしょ!?

ケロ ● そうです！ パネルシアターに音楽がついているんだよ。
パネルシアターっていうのはね、白いネル地の舞台と
Pペーパー（不織布）さえあればだれでも簡単につくれて
楽しいあそびなんだよ。

ポン ● へええ。やってみたい〜!!

ケロ ● よし一緒につくってあそぼう！ ミュージックパネル。
くわしくは46ページを読んでね。

keropon's column 3

ミュージックパネルの基本

じつは、わたくしケロは、「ミュージックパネルの女王」と、言われています！
パネル布の舞台に、Pペーパーの絵人形を貼ってあそぶ、楽しい世界。
一度この世界に足を踏み入れたら、やめられません。
あなたも、つくって、演じてうたってみませんか？

●ミュージックパネルの基本道具●

Pペーパー
絵人形をつくる不織布

油性フェルトペンでりんかくをとり、
ポスターカラーで色をぬる。

パネル布
（ネル地）
パネル舞台用

パネル布が手に入りにくい場合は、ネル地でもよい。
ただし、パネル布のほうが、Pペーパーがよくくっつく。

イーゼル
パネル舞台をたてかける

パネル舞台がすこし傾斜するように、角度をつけて立てる。イーゼルがないときは、壁に立てかける、移動式黒板に立てかける、など、工夫する。

スチレンボード
（ダンボール）
パネル舞台用

発泡スチロールの板。このボードに、パネル布をかぶせて舞台にする。厚さは7mmくらいがよい。画材やで売っている。手に入らない場合は、ダンボールで代用してもよい。どのくらいの大きさでもいいが、110cm×80cmくらいが、使いやすい。

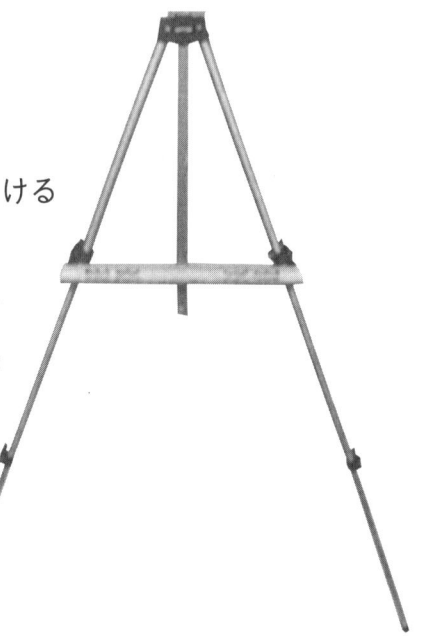

●これらのほかに必要なもの●
ガムテープ・はさみ・油性フェルトペン・ポスターカラー・絵筆

●パネル舞台のつくり方●

パネル布のしわを伸ばして広げ、スチレンボードを置く。

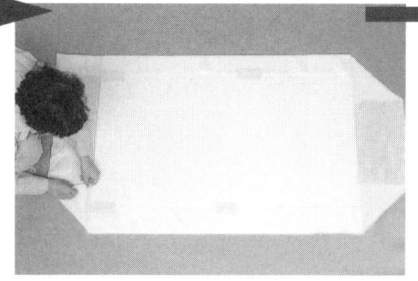

パネル布を引っぱりながら、ガムテープで仮止めをする。

たるみがないかを確かめ、しっかりと本止めする。

白のガムテープを使うと、仕上がりがきれいに見える。

イーゼルに立てかけて、パネル舞台のできあがり

●絵人形のつくり方●

白い紙に、鉛筆で下描きする。

下描きを、油性フェルトペンでなぞる。こうすると、Pペーパーに写しやすい。

油性のフェルトペンでPペーパーに描き写す。

まわりに5mmくらいの余白を残して、切る。

ポスターカラーで色をつける。

色をつけて、見えにくくなった輪郭線などを、もう一度、油性フェルトペンで、なぞる。

できあがり

まわりに余白を残して切るのは、輪郭をはっきり見せるためと、絵人形を折れにくくするためです。

ミュージックパネルのあそびネタ

新・しりとりパネル

増田裕子／作詞・作曲

色をぬったPペーパーをいろいろなかたちに切っておくだけ。
簡単・お手軽・その上おもしろい！ のパネルネタです。

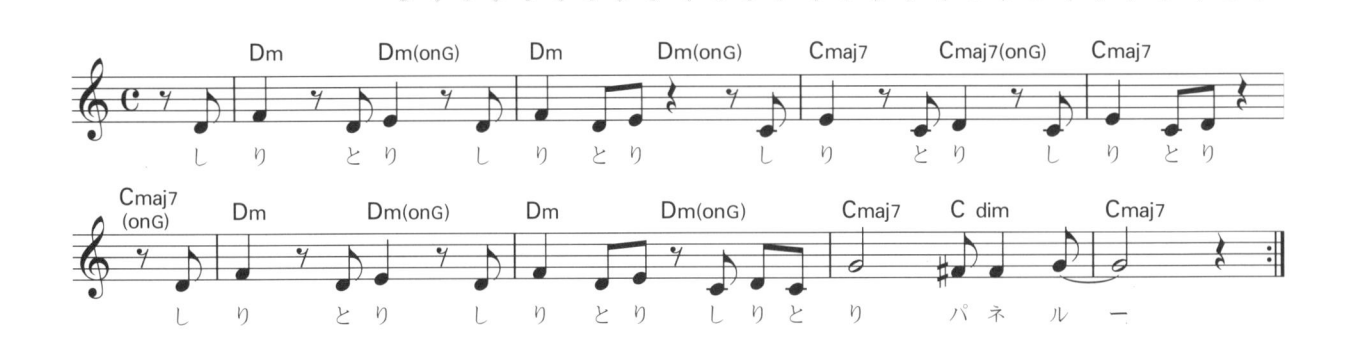

（楽譜：Dm Dm(onG) Dm Dm(onG) Cmaj7 Cmaj7(onG) Cmaj7 / しり とり しり とり しり とり しり とり）
（Cmaj7(onG) Dm Dm(onG) Dm Dm(onG) Cmaj7 C dim Cmaj7 / しり とり しり とり しりとり パ ネ ル ー）

● 用意するもの ●

パネル舞台

Pペーパーに色をぬり、○・△・□
など、いろいろな形に切っておく。

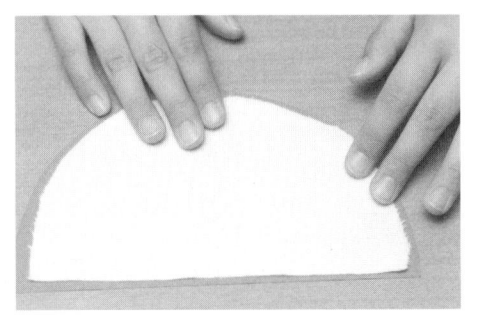

裏側に、接着剤でネル地を貼っておくと、
Pペーパー同士を重ねて貼ることができる。

形をつくってしりとりしよう。はじめは「しりとり」の「り」。

♪しり　　♪とり

『しりとりパネル』の歌に合わせて、
両手を振ってダンス。

うたっている間に、何をつくるか考えよう。

なにつくってるの？

りんご

Pペーパーを貼って「り」で始まるものをつくろう

こんどは「ご」だよ。うたっている間に、何をつくるか考えよう。

ごま

まんとひひ

ひよこ

こんぶ

ブルドーザー

ざしきわらし

しこふんじゃった ポンちゃん…ン!?

「ん」がついちゃった！ おしまい

ミュージックパネルのあそびネタ

ねんねのこもりうた

平田明子／作詞　増田裕子／作曲

ねむ〜くなる、ねむ〜くなる、ミュージックパネルです。
こどもたちのお昼寝前に、どうぞ。

```
| F | Gm | C7 | F |
```

にゃあにゃあにゃあ　この　かあ　さんは　　にゃあにゃあねんねの　こもりうた
ちゅうちゅうちゅう　この　かあ　さんは　　ちゅうちゅうねんねの　こもりうた
かあかあかあ　この　かあ　さんは　　かあかあねんねの　こもりうた
ねんねんねんこの　かあ　さんは　　ねんねんねんねの　こもりうた

```
| F | B♭ | G7 | C | B♭ | C7 | F |
```

にゃあにゃあにゃあ　ころ　にゃあころりん　　にゃあにゃあにゃあころ　おやすみよ
ちゅうちゅうちゅう　ころ　ちゅうころりん　　ちゅうちゅうちゅうころ　おやすみよ
かあかあかあ　ころ　かあころりん　　かあかあかあころ　おやすみよ
ねんねんねんころ　ねんころりん　　ねんねんねんころ　おやすみよ

Ｐペーパーでどうぶつをつくろう

「にゃあこ」とかあさん 
ねこ

「ちゅうこ」とかあさん 
ねずみ

「かあこ」とかあさん 
からす

「ねんこ」とかあさん
ひと

歌に出てくるどうぶつたちの絵人形をつくろう。
Ｐペーパーにポスターカラーで、上の写真を参考にして、描こう。
そっくりまねすることはありません。あなたのオリジナルのほうが、すてきです。

顔と胴体は、別々に描いてね

♪ にゃあ　にゃあ　にゃあこの　かあさんは……
　にゃあ　にゃあ　にゃあころ　おやすみよ

ねこの親子を、パネル舞台の中央にくっつけ、うたいながら顔をゆっくり静かに動かす。
1番を歌い終わったら、舞台の端に移動する。

♪ ちゅう　ちゅう　ちゅうこの　かあさんは……
　ちゅう　ちゅう　ちゅうころ　おやすみよ

♪ かあ　かあ　かあこの　かあさんは……
　かあ　かあ　かあころ　おやすみよ

ねずみの親子を、パネル舞台の中央にくっつけ、うたいながら顔をゆっくり静かに動かす。歌い終わったら、舞台の端に移動。

からすの親子を、パネル舞台の中央にくっつけ、うたいながら顔をゆっくり静かに動かす。歌い終わったら、舞台の端に移動。

♪ ねん　ねん　ねんこの　かあさんは……
　ねん　ねん　ねんころ　おやすみよ

ひとの親子を、パネル舞台の中央にくっつけ、うたいながら顔をゆっくり静かに動かす。歌い終わったら、そのまましずかに貼りつける。

からだのまわりを一回転

上下左右に動かすだけでなく、こんなふうに回転させてみましょう。なんだか、とっても、ねむくなってきます。

親子でどうぞ

小さなパネル舞台をつくって、寝ている側で見せてあげます。

あそびのコネタ

めいろ

スタートから、ゴールまで、たどりつくことができるかな？

7 クリスマスのあそびネタ

ケロ ● クリスマスってなんかいいよね。なんか
ロマンチックな気持ちになるよね〜。

ポン ● そうだね。想像がどんどんふくらんで
お話とかいっぱいつくりたくなるね。

ケロ ● そうなのよ。目にみえないものや
ファンタジーの世界が無限に広がる感じ、
クリスマスってそういう不思議な魅力があるよね。

ポン ● うんうん。ぽんぽん。
わたしは今回ゆきだるまになるぞっ！

ケロ ● えっ?! うそっ！（もうなってるのに？）

クリスマスのあそびネタ

ぼくはだれ？

増田裕子／作詞　平田明子／作曲

ペープサートで、おはなしあそび。
クリスマスにぴったりのおはなしができました。

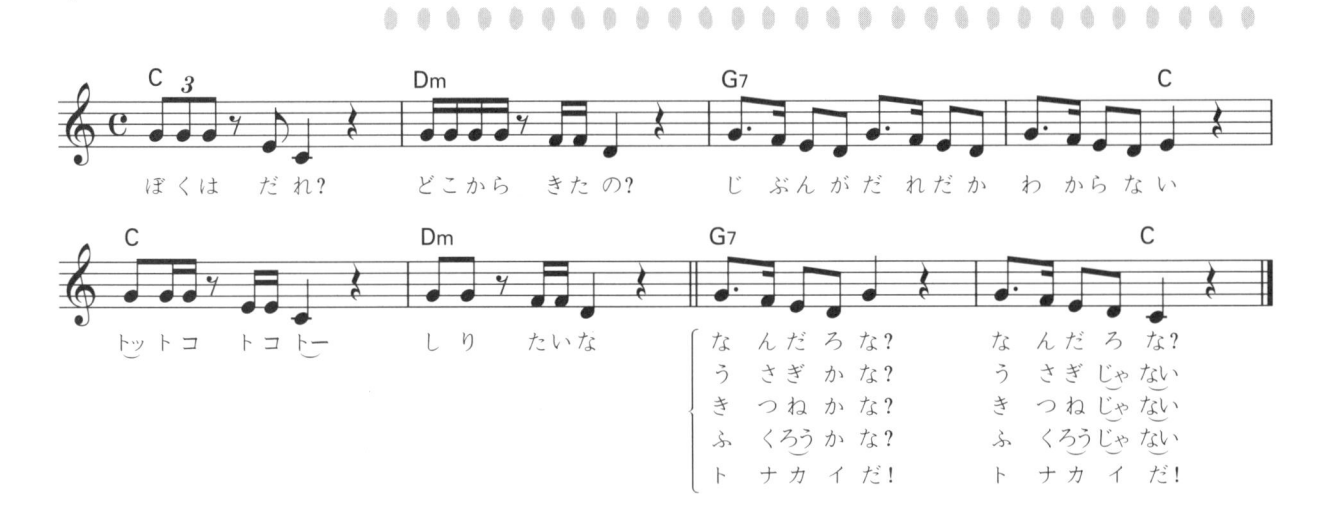

（楽譜）
C　Dm　G7　C
ぼくは だれ？　どこから きたの？　じぶんが だれだか わからない

C　Dm　G7　C
トットコ トコトー　しり たいな
- なんだろな？　なんだろな？
- うさぎかな？　うさぎじゃない
- きつねかな？　きつねじゃない
- ふくろうかな？　ふくろうじゃない
- トナカイだ！　トナカイだ！

---

①
さむいさむい北の国。生まれたばかりの1ぴきのどうぶつが目をさましました。まわりにはだれもいません。ひとりぼっちです。わけもわからず、森のなかを歩いていきました。
生まれたばかりのどうぶつ（以下？？？）「ああ、ぼくはいったい何者なんだ？　自分がだれだかわからないよ」
〈歌1番をうたう〉

②
すると向こうから、うさぎがやってきました。
？？？「やあ、こんにちは。きみはだれ？」
うさぎ「わたしはうさぎ」
？？？「うさぎ？　ぼくもうさぎなのかなぁ？」

③
うさぎ「うさぎは、ながーい耳がないとダメよ」
？？？「そうか……ながい耳、ぼくにはないや。ぼくはうさぎじゃないんだね」〈歌2番をうたう〉

④
またしばらく行くと、今度はキツネに会いました。
？？？「やあ、こんにちは。きみはだれ？」
キツネ「ぼくはキツネ」
？？？「キツネ？　ぼくもキツネなのかなぁ？」

⑤
キツネ「キツネには、ほら、こんなふさふさのしっぽがないとダメだよ」
？？？「そうか……ふさふさのしっぽ、ぼくにはないや。ぼくはキツネじゃないんだね」〈歌3番をうたう〉

ペープサートをつくろう

表 トナカイ 裏
表 うさぎ
表 キツネ
裏  
裏
表 フクロウ 裏
表 サンタ 裏

① ひとつのペープサートにつき画用紙を2枚用意し、それぞれ絵を描く。
② 絵の描いていない面を重ね、形を整えて切る。
③ 片方の画用紙の裏に、割り箸を貼りつけ、もう1枚の画用紙を上から貼りつける。

⑥
また歩いていくと、今度はフクロウに会いました。
？？？　「やあ、こんにちは。きみはだれ？」
フクロウ　「わしはフクロウ」
？？？　「フクロウ？　ぼくもフクロウなのかなぁ？」

⑦
フクロウ　「フクロウは、空を飛べなきゃダメなのじゃ」
？？？　「そうか……ぼくは空を飛べないや。
　　　　　　ぼくはフクロウじゃないんだね」〈歌4番をうたう〉

⑧
？？？　「ああ……いったいぼくはだれなんだ？」
すると向こうから、おじいさんがやってきました。
？？？　「やあ、こんにちは。きみはだれ？」
サンタ　「わしはサンタだ」
？？？　「サンタ？　ぼくもサンタなの？」
サンタ　「サンタは、白いひげがあって、赤い服を着ているおじいさん
　　　　　なんだよ。おまえは、うさぎでもキツネでもふくろうでも
　　　　　サンタでもない……。おまえはトナカイというんだよ」
？？？　「トナカイ？」（*言いながらペープサートをくるくる回す）

⑨
サンタ　「そうだよ。さあ、わたしといっしょに
　　　　　いこう〜！」
？？？　「わあ〜！　いつの間にか、
　　　　　つのがはえてる〜！　そうか！
　　　　　ぼくはトナカイなのか。
　　　　　やった、やった、やったー」
〈歌5番をうたう〉

⑩ サンタとトナカイは、こうして北の森から、
世界中の子どもたちのところへ飛び出しました。
メリークリスマス！〈歌を「ラララ〜」でうたう〉

クリスマスの あそびネタ

パネル・オペレッタ・シアター
ゆきだるまのサンタさん

登場人物 動物と、ナレーションを担当するのもみの木隊は、子どもの人数に合わせて割り振ります。ゆきだるまは、大人（保育者）と考えましたが、もちろん、子どもが演じてもよいのです。

ウサギ
タヌキ
シカ
リス
もみの木隊（3人以上で）
ゆきだるま（おとな） 白い服を着て、大きなふくろを持つ

みんなで、つくって、うたって、おどって、たのしい、うれしい、クリスマスをすごしてね！

はじまるよ〜

	中央に、パネル舞台を置いておく 舞台上手にもみの木隊登場。 ゆきだるまが舞台中央に登場
もみの木隊	（ナレーション） 森のなかに、こころやさしいゆきだるまが住んでいました。
	もみの木隊たちとゆきだるまが、 おどりながらうたう
♪M1	「ゆきだるまのサンタ」 ぼくはまあるい　ゆきだるま ぼくが　森のサンタになろう クリスマスは　みんなに プレゼント　届けよう きっとだれも ニコニコ笑顔になるでしょう ゆきだるまのサンタ ゆきだるまのサンタ きょうは　すてきなクリスマス
ゆきだるま	（プレゼントを袋につめながら） ああ、みんなのよろこぶ顔が 目に浮かぶなぁ。
	プレゼントでふくらんだ袋を背負って、 ゆきだるま退場

♪ぼくは　まあるい　ゆきだるま……
おどりながらうたう

みんなのよろこぶ顔が目に浮かぶ…

ゆきだるまのサンタ　　平田明子／詞　増田裕子／曲

ぼくは まあるい ゆきだるま ぼくが もりの
サンタに なろう クリスマスは みんなに プレゼント
と　ど　け　よ　う　　きっと だれも
ニコニコ えがおに なるでしょう
ゆきだるまの サンタ ゆきだるまの サンタ きょう は
すてきな　　クリスマス

パネル・オペレッタ・シアター ゆきだるまのサンタさん

もみの木隊	（ナレーション） そのころ、森ではどうぶつたちが、プレゼントについて、話をしていました。
	どうぶつたち登場。舞台中央で、自由におどりながらうたう
♪M2	「どうぶつたちのうた・1」 もうすぐ サンタが やってくる ぼくらに くれるね プレゼント
（ウサギ）	「わたしは、にんじん」
（リス）	「ぼくは、どんぐり」
（シカ）	「わたしは、しかせんべい」
（タヌキ）	「ぼくは、おまんじゅう」 おねがいしたよ サンタさん こんやはたのしい クリスマス
ウサギ リス どうぶつたち	ああ、サンタさんが、まちどおしい。 そうだ、じゃあ、もうねよう。 ねなくっちゃ、 ねなくっちゃ。
	どうぶつたちは、舞台の上でそれぞれ、ねむるじゅんびをする。

♪もうすぐサンタが
やってくる
ぼくらにくれるね
プレゼント

どうぶつたちのうた・1
平田明子／詞　増田裕子／曲

もう すぐ サンタが やって くる ぼく らに くれるね プレゼント
わたしは にんじん　ぼくは どんぐり
わたしは しかせんべい　ぼくは おまんじゅう　おね
がい しーたよ サンタさん こんやは たのしい クリスマス

もみの木隊	（ナレーション） 森の動物たちがすっかりねむりについたころ、ゆきだるまのサンタさんがやってきたようです。
	ゆきだるまのサンタが転がりながら、登場。 もみの木隊が「ごろごろゆきだるま」をうたう。
♪M3	**「ごろごろゆきだるま」** ごろごろ　ごろごろ　ゆきだるま ごろごろ　ごろごろ　ゆきだるま
	ゆきだるまは、パネルの前までころがり、パネルに貼ってあるもみの木をはずす。
ゆきだるま	ウサギさんにメリークリスマス！ （といいながらプレゼントの箱を １つパネルに貼る） リスさんにメリークリスマス！ （といいながらプレゼントの箱を １つパネルに貼る。以下同様に） シカさんにメリークリスマス！ タヌキさんにメリークリスマス！ みんなよろこぶぞー！
もみの木隊	（ナレーション） ゆきだるまのサンタさんは、 みんなのよろこぶ顔が見たくて、 こっそり木のうしろにかくれました。
	ゆきだるま、 木のうしろにかくれる

みんなよろこぶぞー！

ごろごろゆきだるま　　増田裕子　詞／曲

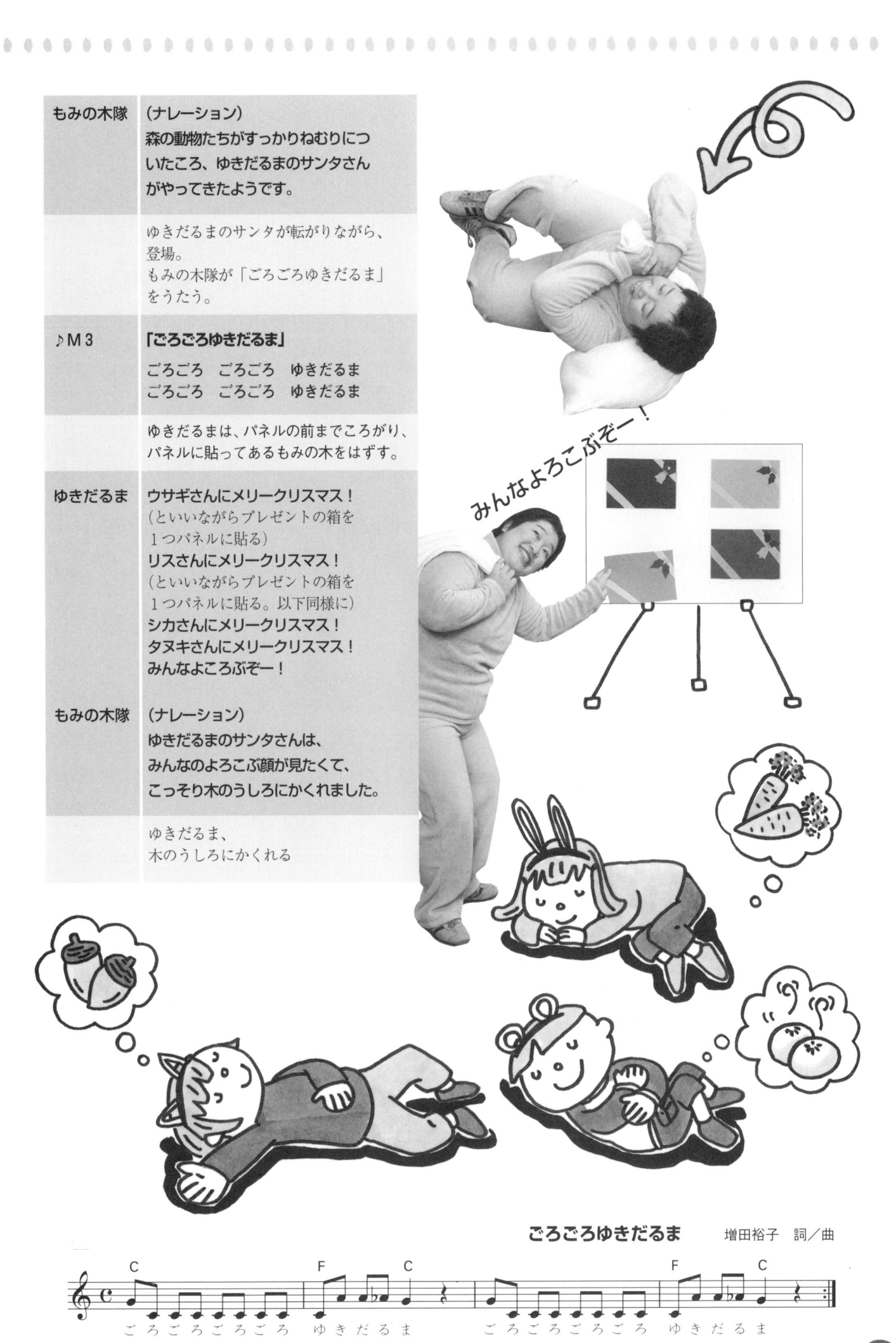

パネル・オペレッタ・シアター ゆきだるまのサンタさん

もみの木隊	（ナレーション） 朝になりました。森のどうぶつたちが目をさましました。
	どうぶつたち、うたいながらおどる
♪M4	**「どうぶつたちのうた・2」** バンザイ！ サンタが やってきた ぼくらにくれたね プレゼント
（ウサギ）	「わたしは、にんじん」
（リス）	「ぼくは、どんぐり」
（シカ）	「わたしは、しかせんべい」
（タヌキ）	「ぼくは、おまんじゅう」 プレゼントありがとう サンタさん こんやはたのしい クリスマス
	ひとりずつ、 プレゼントの箱をあけていく
どうぶつたち	わあ————!! えーん、ひどいよ——!! こなごなになってる——!!
	どうぶつたち、泣き出す ゆきだるま、たいへんだ！ という顔をして、 木のかげから動物たちを見ている。

こなごなになってる〜

にんじんが……

おまんじゅう〜

どうぶつたちのうた・2　　平田明子／詞　増田裕子／曲

バンザイ サンタが やってきた ぼくらに くれたね プレゼント
わたしは にんじん　　ぼくは どんぐり
わたしは しかせんべい　　ぼくは おまんじゅう　プレ
ゼント ありがとう サンタさん こんやは たのしい クリスマス

ゆきだるま	（大声で泣き出す）うわーーん
	どうぶつたち、びっくりして泣きやんで、ゆきだるまを見る
ゆきだるま	（泣きながら）ごめんよー。森のみんなのプレゼント、こわしちゃった。
たぬき	なんだ、プレゼントをくれたのは、ゆきだるまくんだったのか！
	もみの木隊とゆきだるま、「かなしいゆきだるま」をうたう
♪M6	「かなしいゆきだるま」
	ぼくはまあるい　ゆきだるま ぼくが　森のサンタになって クリスマスのみんなのプレゼント こわしちゃった きっと　だれも ポロポロ涙ながすでしょう ゆきだるまのサンタ ゆきだるまのサンタ きょうは　かなしいクリスマス
ゆきだるま	（まだ、泣きながら） みんなごめんね。ぼく、みんなをよろこばせたかったんだ……
どうぶつたち	そうだったのかぁ……。
	どうぶつたち、舞台中央にあつまって、何か考えている。

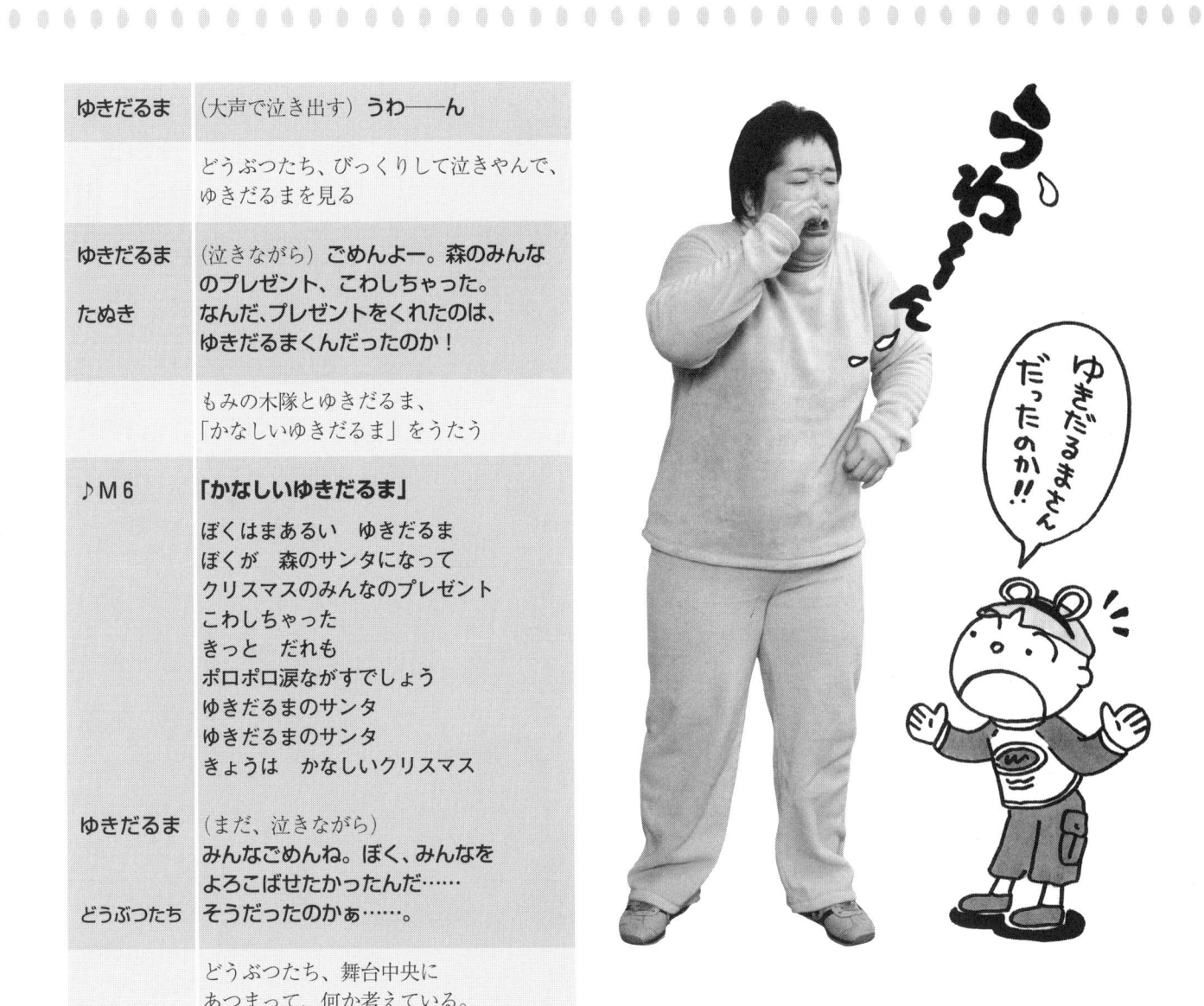

うわーん

ゆきだるまさんだったのか!!

かなしいゆきだるま　　平田明子／詞　増田裕子／曲

かなしくひく

ぼくは まあるい ゆきだるま ぼくが もりの
サンタに なって クリスマスの みんなの プレゼント
こわし ちゃった ー きっと だれも
ポロポロ なみだ ながす で しょう
ゆきだるまの サンタ ゆきだるまの サンタ きょうは
かなしい ー クリスマス ー

パネル・オペレッタ・シアター ゆきだるまのサンタさん

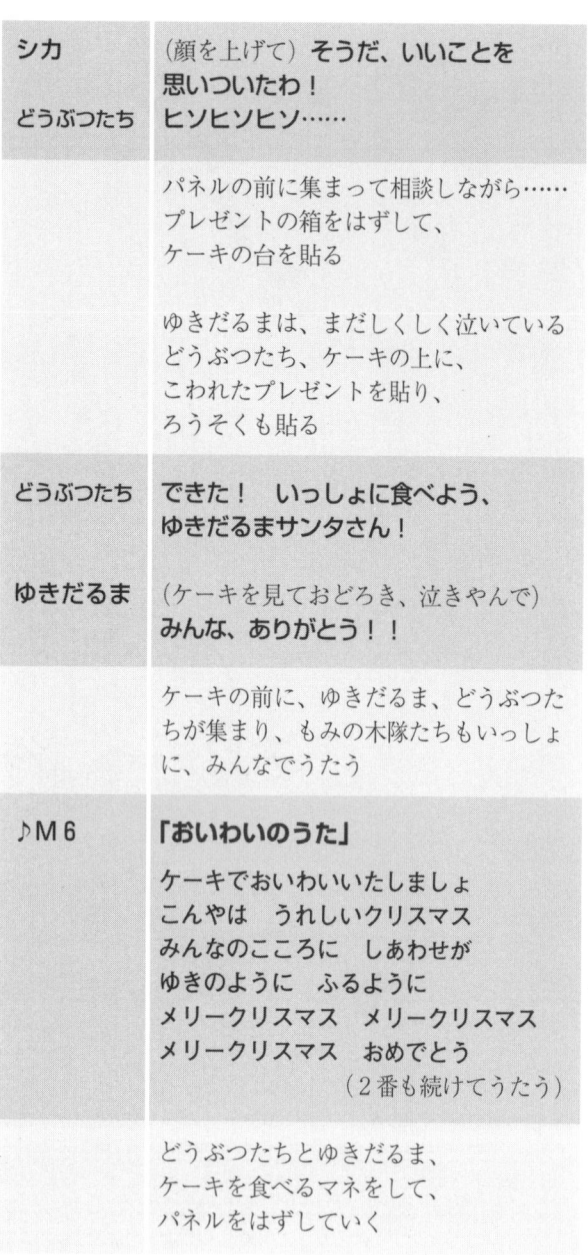

シカ	（顔を上げて）そうだ、いいことを思いついたわ！
どうぶつたち	ヒソヒソヒソ……
	パネルの前に集まって相談しながら……プレゼントの箱をはずして、ケーキの台を貼る
	ゆきだるまは、まだしくしく泣いているどうぶつたち、ケーキの上に、こわれたプレゼントを貼り、ろうそくも貼る
どうぶつたち	できた！　いっしょに食べよう、ゆきだるまサンタさん！
ゆきだるま	（ケーキを見ておどろき、泣きやんで）みんな、ありがとう！！
	ケーキの前に、ゆきだるま、どうぶつたちが集まり、もみの木隊たちもいっしょに、みんなでうたう
♪M6	**「おいわいのうた」** ケーキでおいわいいたしましょ こんやは　うれしいクリスマス みんなのこころに　しあわせが ゆきのように　ふるように メリークリスマス　メリークリスマス メリークリスマス　おめでとう （2番も続けてうたう）
	どうぶつたちとゆきだるま、ケーキを食べるマネをして、パネルをはずしていく

いいことを思いついたわ！

みんな、ありがとう！

できた！いっしょにたべよう

おいわいのうた

平田明子／詞　増田裕子／曲

ケーキでおいわい いたーしましょ　こんやはうれしい クリスマス
ケーキでおいわい いたーしましょ　こんやはたのしい クリスマス

みんなのこころに しあわせが　ゆきのように ふるように
みんなのこころに ろうそくが　あかるくひかり ますように

メ　リークリスマス　メ　リークリスマス　メ　リークリスマス　おめでとう

ゆきだるま	みんなごめんね。来年はサンタ、やめるよ。
もみの木隊	(ゆきだるまに向かって) やめないで。ぼくたちからのプレゼント！ (と、パネルにそりを貼る)
ゆきだるま	わー、ありがとう。
シカ	それならわたしが、そりをひっぱるわ。 (と、胸をたたく)
タヌキ	だから毎年、サンタさんをやってね。
ゆきだるま	うん！
	みんなで「ゆきだるまのサンタ」をうたう
♪M7	「ゆきだるまのサンタ」 ぼくはまあるい　ゆきだるま ぼくが　森のサンタになろう クリスマスは　みんなに プレゼント　届けよう きっとだれも ニコニコ笑顔になるでしょう ゆきだるまのサンタ ゆきだるまのサンタ きょうは　すてきなクリスマス

わたしがそりをひっぱるわ

ありがとう！

ゆきだるまのサンタ

平田明子／詞　増田裕子／曲

ぼくは まあるい ゆきだるま ぼくが もりの
サンタに なろう クリスマスは みんなに プレゼント
と どけ よう ー きっと だれも
ニコニコ えがお に な る で しょう ー
ゆきだるまの サンタ ゆきだるまの サンタ きょうは
すてきな ー クリスマス ー

パネル・オペレッタ・シアター **ゆきだるまのサンタさん**

大道具・小道具をつくろう

どうぶつたちの耳をつくる

●用意するもの
モール
カチューシャ

いろいろな色の、太めのモールを用意する。

●つくり方●
モールを、それぞれのどうぶつの耳のかたちにして、カチューシャに巻きつけてとめるだけ。かんたん！

もみの木隊のぼうしをつくる

●用意するもの
パーティ帽
緑色の太いモール
両面テープ

●つくり方●
①パーティ帽のてっぺんと、あと、を2・3カ所に、あらかじめ両面テープを貼っておく。
②緑色のモールを、パーティ帽のてっぺんのほうから巻きつけていく。すき間ができないように注意。
③巻終わりがはがれないように、しっかりと両面テープでパーティ帽に貼りつける。

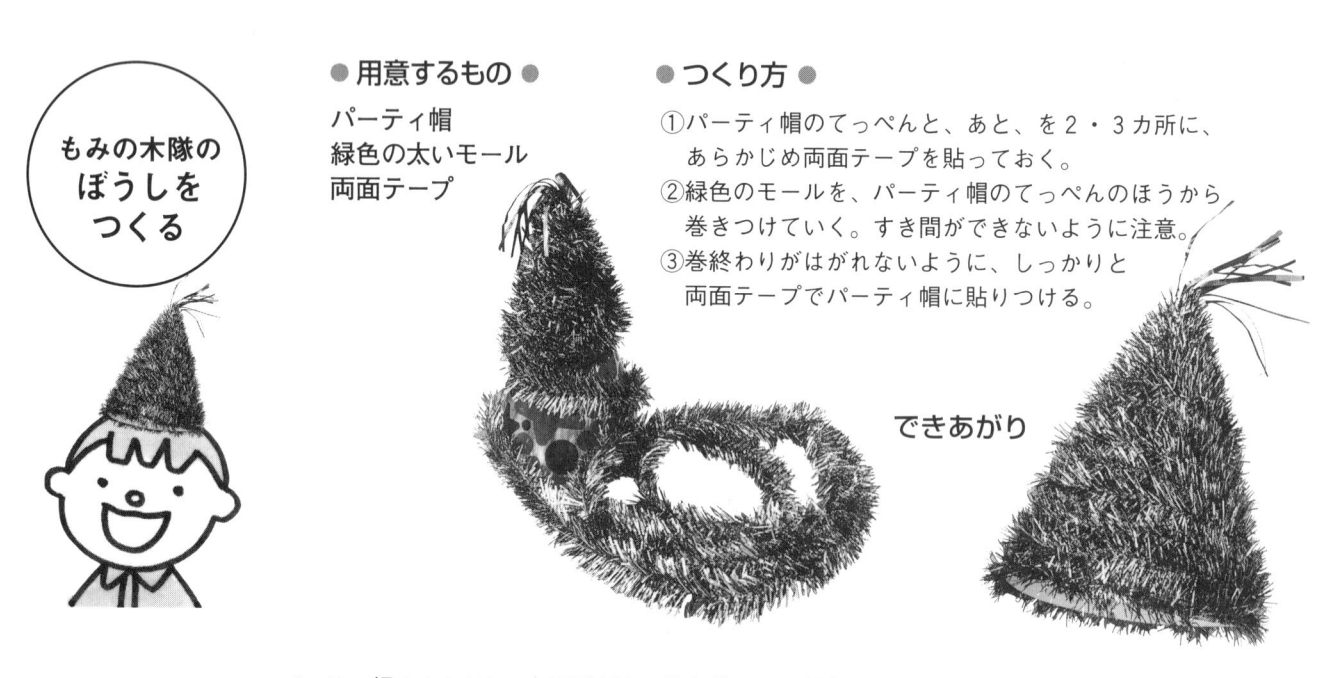

できあがり

パーティ帽のかわりに、色画用紙や、絵を描いた画用紙を円すい形に丸めてつくってもいいね。

ゆきだるまがかくれる木をつくる

●用意するもの
段ボール・フェルトペン
絵の具やクレヨン
はさみ・カッターナイフ

●つくり方●
①段ボールに木を描く。
②絵の形に段ボールを切る。
③舞台に立つように、裏側にささえを段ボールでつくる。

パネルをつくろう　パネル舞台のつくり方は46ページを見てね

● 用意するもの ●

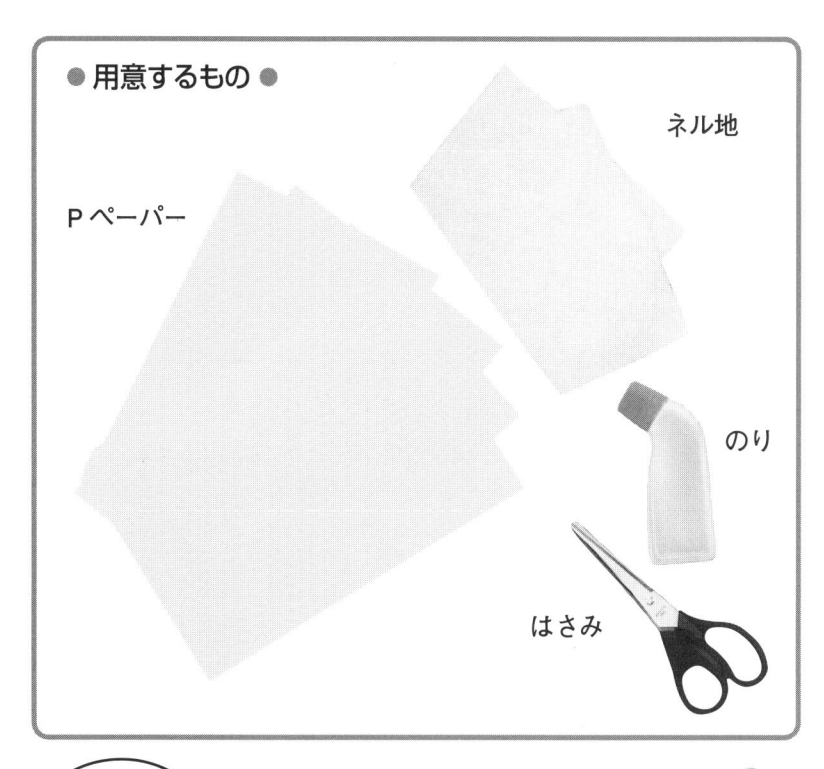

Pペーパー　ネル地　のり　はさみ

もみの木をつくる

● つくり方 ●

① Pペーパーに色をぬり、もみの木の葉の部分と、幹の部分に分けて切る。
② 2枚をのりで貼り合わせる。
③ 同じものをもうひとつつくる。

ろうそくとケーキの台、そりも同じ要領でつくる

こなごなのプレゼントをつくる

● つくり方 ●

① まず、にんじんやどんぐりをつくる。
② できあがったプレゼントを、真ん中でふたつに切る。

③ 裏返して、それぞれに、ひとまわり小さく切ったネル地を貼りつける。
※ Pペーパーどうしはくっつかないので、ネル地をのりがわりにするのです。

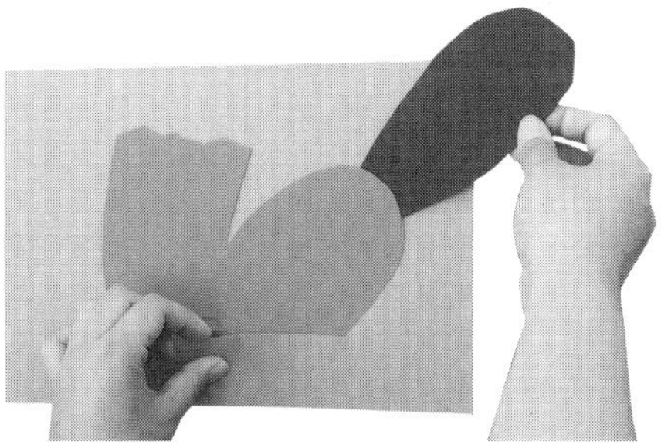

④ プレゼントの箱の、下になる1枚を、適当な大きさでつくり、カッターで「切り込み」を入れ、プレゼントを差し込んでおく。

⑤ プレゼントの箱の、ふたをつくる。

⑥ ふたの裏にネル地をふたよりひとまわり小さく切って、貼りつける。

これを、こなごなにしたプレゼントを差し込んだものに、重ね貼りする。

keropon's column 4

なんでもあそびネタ

あそびのネタは、どこにでもころがっています。
その気になれば、なんでもあそびになっちゃうのです。
たとえば、氷。え～～‼ どうやってあそぶの～～？ と思ったあなた。
いっしょにあそびましょう。

氷あそび その1 スプーンでくださいな

そ～っとそ～っと

大成功！

ひえ～っ

あっ、ケロちゃんが氷を落としちゃった！
そんなときは、罰ゲーム！！
顔に、つめた～い氷をくっつけます。

スプーンの氷を落とさないように、となりのスプーンに移して。

氷あそび その2 氷つれるかな？

糸に氷をくっつけて、落とさないように持ちあげる。
誰が最初にできるかな……？

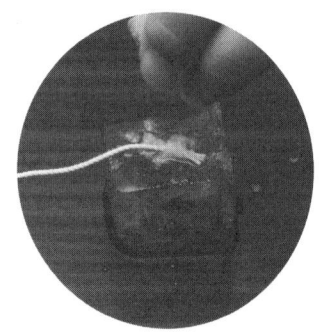

たこ糸を氷の上に置き、
上から塩をかけ、しばし待つ。
すると……。

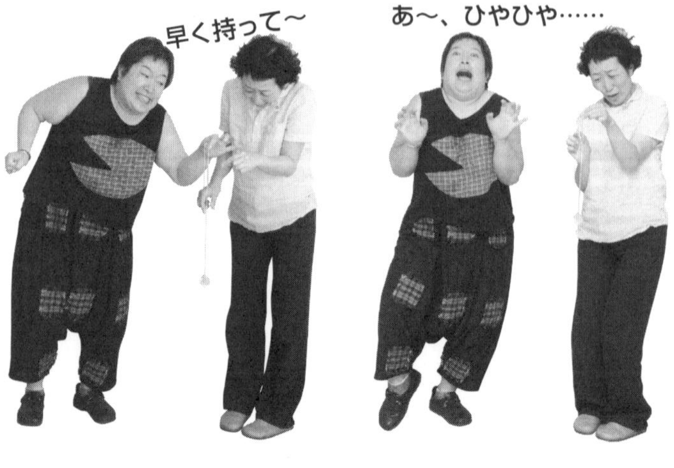

ポンちゃんおみごと！

つれないよ～

早く持って～

あ～、ひやひや……

つれた氷をつかって、受け渡しゲームをしよう。
みんなで並んで、となりのひとに
そっと渡していく。
落としちゃったらアウト。

| 氷あそび その3 | 氷とかしゲーム |

それぞれ同じ大きさの氷を持ち、「よ〜い、スタート」で、からだをつかって氷を溶かす。最初に氷がなくなったひとが優勝。

よ〜い、スタート！

15秒経過……

30秒経過……

やった!!

| 氷あそび その4 | 氷カーリング |

牛乳パックや、ヨーグルトのパックで、大きな氷をつくる。ふたり組になり、それぞれ長い机の両端に立ち、相手のほうへ氷を滑らせよう。うまくキャッチできるかな？

よし、こいっ

それっ

あぁぁぁ〜

落とした！

うひひ

落としちゃったら……
やっぱり罰ゲーム。

ひんやりさん

増田裕子／作詞　平田明子／作曲

ひんやりさんは ひゃっとつめたい こころも
からだも ひんやひや こおり アイスクリーム
オバケ れいぞうこ あついときこそ ひんやりさん

©2003 by CRAYONHOUSE CULTURE INSTITUTE

あそびのコネタ

あみだくじ

どれかひとつ選んで、線をたどっていってね。

きょうのあそびネタうらない

「むむっ、〜！きょうはどんな日じゃろう？」

「↑ここになまえをかこうね！」

- ネタにつまったらおふろにはいろう
- ネタ子をおにすな！
- キミはあそびネタの天才だ！
- すしネタたべてげんきになろう！
- ネタふりをする

8 お正月のあそびネタ

ポン ● にゅわ〜〜おもちゅい〜〜うま〜い。

ケロ ● んもう。また食べてんの?!
でもおもちっておいしいよね〜。

ポン ● お正月っておいしいものてんこもりで
し〜あ〜わ〜せ〜（幸）

ケロ ● なんかのんびりする〜〜〜。

ポン ● みんなで温泉に行ってゲームしよう！

ケロ ● よし。行こう行こう。え〜でも仕事は??

ポン ● いいのいいの。たまにはリラックス。リラックス。

ケロ ● そうだね。これもあそびっつうことで（笑）!!

ケポ ● いってきま〜す！

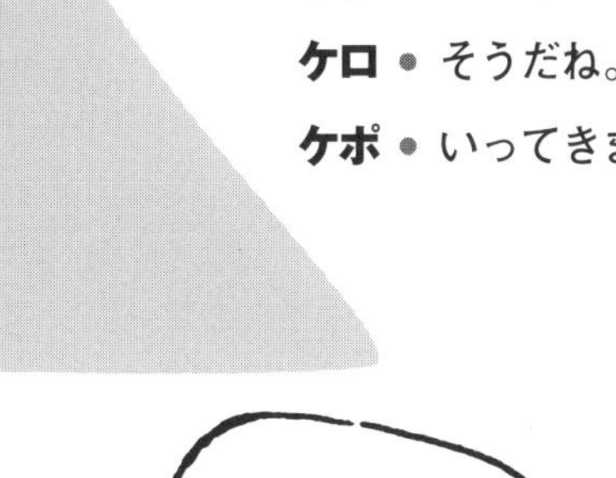

お正月のあそびネタ

もちもちやっほい

平田明子／作詞　増田裕子／作曲

お正月といえば、もちつき。
もち米を蒸すところから、あそびます。

1. パッ　パッ　パッ　　みずをきれ　　おいしいおもちは　パッパッパ
2. ゆげ　ぼう　ぼう　　ゆげぼうぼう　　おいしいおもちは　ゆげぼうぼう
3. ぺたん　こ　　ぺったんこ　　おいしいおもちは　ぺったんこ
4. パッ　パッ　ぼう　ぼう　ぺったんこ　　やったあおもちだ　やっほいほい

パッ　パッ　パッ　　みずをきれ　　もちもちやっ　ほい　やっ　ほい　ほい！
ゆげ　ぼう　ぼう　　ゆげぼうぼう　　もちもちやっ　ほい　やっ　ほい　ほい！
ぺたん　こ　　ぺったんこ　　もちもちやっ　ほい　やっ　ほい　ほい！
パッ　パッ　ぼう　ぼう　ぺったんこ　　バンザイおも　ちだ　やっ　ほい　ほい！

「ざるグループ」「手ぬぐいグループ」「めん棒グループ」にわかれてあそびます。

1番 ざるグループ

♪パッパッパッ 
両手に持ったざるの水切りをしながら右足を前に出す。

みずをきれ 
両手に持ったざるの水切りをしながら左足を前に出す。

おいしいおもちは　パッパッパッ 
その場をひとまわり

ほい 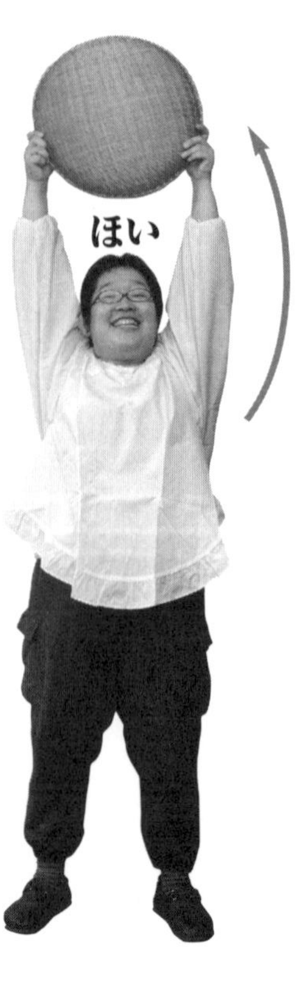
ざるを持ったまま手を上に。

♪パッパッパッ 
はじめと同じ動き

みずをきれ

もちもちやっほい　やっほい
ざるを持ったまま左右に動かす

2番 てぬぐいグループ

♪ゆげぼうぼう ゆげぼうぼう　　♪おいしいおもちは ゆげぼうぼう　　♪ゆげぼうぼう ゆげぼうぼう　　♪もちもちやっほい やっほい　　ほい

手ぬぐいの両端をもち、頭の上に上げ左右に動かす。　　その場をひとまわり　　手ぬぐいの両端をもち、頭の上に上げ左右に動かす。　　左右に動かす。　　手を上に。

3番 めん棒グループ

♪ぺったんこ ぺったんこ　　♪おいしいおもちは ぺったんこ　　♪ぺったんこ ぺったんこ　　♪もちもちやっほい やっほい　　ほい

もちつきのまね　　その場をひとまわり　　もちつきのまね　　左右に動かす。　　手を上に。

4番 みんなで

♪ パッパッ ぼうぼう ぺったんこ やったあ おもちだ やっほい ほい……

みんないっしょに、それぞれのグループのおどりをおどる

お正月のあそびネタ

森のおんせん

増田裕子／作詞　平田明子／作曲

お正月といえば、おんせん。あったか〜いおんせん。
いい気持ちといっしょに、春もつられてやってきました。

（楽譜）
まっしろな　ゆきのなか　あったかい　もりのおんせん
ふう　はあ　きもちいい　からだもこころも　あーったまる
（ラスト）あーっというまに　はるーがきた

手袋人形劇をはじめる前に

● 用意するもの ●

青い布（おんせん用）、白い布（雪用）、花柄など春らしい布（春の野原用）、手袋

● 舞台をつくる ●

まず、春の野原用の布を敷き、取れないようにガムテープなどで舞台にとめる。この布が見えないように、上から雪用の布を敷き、真ん中あたりに温泉用の布を敷いてできあがり。

手袋人形劇のはじまり、はじまり

① 寒い冬です。
森の中におんせんがありました。
ウサギがぴょんぴょんやってきました。

「わあ、おんせんだわ。入ろう！……ぴょん。」

② 「はあ〜、きもちいい。」

♪『森のおんせん』をうたう

③ 次にワシがやってきました。

「おー、寒いのう。わしもちょっと入らせてくれんかのう。」
「どうぞ。」

④ 「はあ〜、きもちいい。」

♪『森のおんせん』をうたう

● 登場するどうぶつたち ●

ウサギ
① 手袋のひとさし指を、内側に入れる。
② 手袋の親指と小指を結び、手首の部分を外側に折り返す。

ワシ
① 手袋の親指同士を結ぶ。
② 片方の手首の部分に、もう片方の手首を入れる。

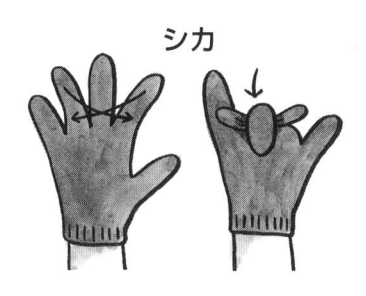

シカ
① 手袋に手を入れ、ひとさし指とくすり指を抜いて、交差する。
② 中指を折り曲げ、交差している部分を押さえて顔にする。

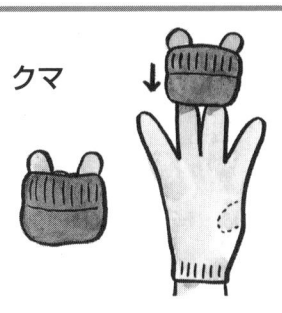

クマ
① 片方の手袋を裏返し、2本の指を少し出して耳にする。
② もう片方の手袋の親指を内側に入れ、手を入れて、①を中指とくすり指にさしこむ。

⑤ こんどは、シカがやってきました。
「ああ、寒い寒い。わあ、おんせん。わたしも入らせてください。」
「どうぞ。」

⑥ 「はあ〜、きもちいい。」
♪『森のおんせん』をうたう

⑦ 最後にクマがやってきました。
「うう……。冬眠をしていたら、あまりの寒さに目が覚めてしまった。おいらも入っていいかい？」
「どうぞ。」

⑧ ざっぶ〜ん！
♪『森のおんせん』をうたう

⑨ わあ〜!! お湯があふれる〜!!!
おんせん用の青い布と、雪用の白い布を取る

⑩ おんせんのお湯で雪が溶けて、あっという間に春がやってきましたとさ。
♪『森のおんせん』をうたう

お正月のあそびネタ

おもちがとれない

平田明子／作詞　増田裕子／作曲

うわっ！　おもちがくっついちゃった。
しかたない。うたっておどって、とりましょうか。

お　もちぺったん　もちつきぺったん　｛おもちがせなかに　くっ　つい　た／おもちがうーでに　くっ　つい　た／おもちがあしのうらに　くっ　つい　た｝
まさか！　おもちがとれない　おもちがとれない
おもちがね　おもちがね　おもちがとれない　あとすこし　やっととれた　ピャッ！

歌に合わせておどろう

♪おもちぺったん　もちつきぺったん
おもちをつくまね。

おもちがせなかにくっついた 
両手をあたまの上でひらひらさせながら、足を交互にあげる。

まさか！ 
両手を口にあてておどろく。

♪おもちがとれない……やっととれた 
足をばたばたしながら、せなかにくっついたおもちをとろうとする。

ピャッ！ 
両手・両足を開いて、ポーズ！

「せなか」を、からだのいろんなところに替えてあそぼう！ 
うで　おしり　あしのうら　あたま

9 おどってにっこり あそびネタ

ケロ ● ハアアアアア！　ホ〜〜ヒ〜〜〜〜〜ッ！　やあっ！
ポン ● （おそるおそる）ケ？　ケロちゃんなにやってんの？
ケロ ● あたらしいおどりだよ。ヒョ〜〜〜ッ！
ポン ● あはは。斬新。もしかしてその踊りケロちゃん考えたの？
ケロ ● そうだよ。自分で考えた踊りを踊る、これまた楽しよ?!
ポン ● じゃあわたしもみならって、ぷう〜ぴい〜〜ちょ〜〜。
　　　　なんか気持ちいいし楽しい気分になってきたあ!!
ケポ ● では、みなさんもご一緒にっ!!　レッツ！　ダンシング！

おどって
にっこり
あそびネタ

南国のうた

平田明子／作詞　増田裕子／作曲

まずはじめのおどりは、太極拳のイメージで。
のんびり、ゆったりおどります。

♪ なんごくの	にゃにゃ にゃにゃにゃにゃ	にゃんじぃさん
両手のひらを下に向け、足を開き、ゆっくりと膝を曲げる。	右腕を、左に伸ばし、大きく円を描くようにまわす。同時に、ゆっくりと右足を上げる。	右足を左膝に、右手を頭の上、左手をあごにあてる。
♪ きのかげで	にゃにゃ にゃにゃにゃにゃ	ひるねする
両手のひらを下に向け、足を開き、ゆっくりと膝を曲げる。	左腕を、右に伸ばし、大きく円を描くようにまわす。同時に、ゆっくりと左足を上げる。	右足を左膝に、右手を頭の上、左手をあごにあてる。
♪ なんごくの	にゃにゃ にゃにゃにゃにゃ	ひかってる
両手のひらを下に向け、足を開き、ゆっくりと膝を曲げる。	両手をからだの前で交差させながら、ゆっくり上げていく。	後ろに反りながら、手のひらと顔を上に向ける。
♪ なんごくの	にゃにゃ にゃにゃにゃにゃ	なんだろう
両手のひらを下に向け、足を開き、ゆっくりと膝を曲げる。	両手をからだの前で交差させながら、ゆっくり上げていく。	後ろに反りながら、手のひらと顔を上に向ける。

南国のうた

♪**ああゆれている　ヤシのきのしたで　おじいのはだじゅばんの　　ハデなあか**

ゆれてる……

ヨロヨロ歩いてみました

それぞれ、すきな動きをゆっくりとして、「…あ〜か」ですきなポーズで止まる。

♪**なんごくの**　　　　　にゃにゃ　にゃにゃにゃにゃ　にゃんじいさん

両手のひらを下に向け、足を開き、ゆっくりと膝を曲げる。

右を向き、両手のひらを上に向けてゆっくりと上げていく。左足の膝の裏を伸ばそう。

♪**とおいひの**　　　　　にゃにゃ　にゃにゃにゃにゃ　おもいでよ

両手のひらを下に向け、足を開き、ゆっくりと膝を曲げる。

左を向き、両手のひらを上に向けてゆっくりと上げていく。右足の膝の裏を伸ばそう。

おどって にっこり あそびネタ

まかせてください

新沢としひこ／作詞　増田裕子／作曲

フォークダンスみたいにおどります。
リズムにのって、うたいながら、ランラララララ……

おおきな　にもつを　かかえて　とほうに　くれてる　おばあさん
おおきな　おさらを　かかえて　ためいき　ついてる　おじいさん
おもたい　ボールを　かかえて　ヨロヨロ　している　おじょうさん

そのめの　まえには　ひゃくだん　の　いしのかいだんが　ありました
そのめの　まえには　ひゃくまい　の　おこのみやきーが　ありました
そのめの　まえには　ひゃっぽん　の　ボウリングピンーが　ありました

ラン　ラララララララ　まかせてください　にもつをもつのは　とくいなの　りょうてにかかえて
ラン　ラララララララ　まかせてください　おこのみやきなら　とくいなの　おたふくソースと
ラン　ラララララララ　まかせてください　ボウリングーなら　とくいなの　キーングサイズの

せなかにしょったら　なんトンだって　だいじょうぶ　ラン　ラララララララ　はなうたまじりで
あおのりかければ　なんびゃくまいでも　だいじょうぶ　ラン　ラララララララ　はなうたまじりで
メガトンボールで　スプリットだって　だいじょうぶ　ラン　ラララララララ　はなうたまじりで

かけあがる
たべつくす
ストライク
あー　じんせいって　すばらしい！ホイ！

©ask music., co, Ltd

みんなでおどろう！

まかせてください

1番　♪おおきなにもつを　　かかえて　　とほうにくれてる　　おばあさん

両手を広げて、大きな荷物を持っているつもり。

広げた両手をとじて輪を作り、からだを左右にゆらす。

右手でおでこの汗を拭う。

左手でおでこの汗を拭う。

2番　♪おおきなおさらを　かかえて　ためいきついてる　おじいさん

1番と同じ動き

両手で口から出るため息のかたちを作る。（右向き左向き交互に）

3番　♪おもたいボールを　かかえて　ヨロヨロしている　おじょうさん

1番と同じ動き

ボウリングの玉を持ったつもりで、ヨロヨロと歩く。

1番　♪その　めの　まえに　は　100だんの　いしのかいだんがありました

右足と両手を右斜め前に出して、戻す。

左側も同様に。

顔の脇で両手を開き、からだを左右に揺らす。

両手で階段のかたちをなぞる。（何度かくり返す）

2番　♪そのめのまえには　ひゃくまいの　　おこのみやきがありました

1番と同じ動き

両手でお好み焼きのかたちをなぞる。

3番　♪そのめのまえには　ひゃっぽんの　　ボウリングピンがありました

1番と同じ動き

両手で、ボウリングピンのかたちをなぞる。

休符の間に、ちかくの人と
ふたり組になる

ここから先は、1番〜3番まで同じ動き。

♪ランラララララ　まかせてください
にもつをもつのは　とくいな　の

♪ランラララ…

ふたりで腕を組んでまわる。

「とくいなの」の「の」で
手をたたく。

♪りょうてにかかえて　せなかにしょったら
なんトンだって　だいじょう　ぶ

腕を組みかえ、
反対回りにまわる。

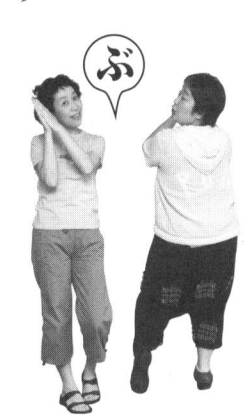

「だいじょうぶ」の「ぶ」で
手をたたく

♪ランラララララ　はなうたまじりで　かけあがる
あー　じんせいって　すばらしい

♪ホイ！

両手をつないで、ぐるぐるまわる。

間奏
2番と3番の間

ふたり組で、交互に
自由におどる。

片手をあげて、
ポーズ！

おどってにっこりあそびネタ

Let's sing a song

増田裕子／作詞　平田明子／作曲

ちょっと気持ちがふさいでいるときも、おどれば元気。
輪になっておどろう！

さあ みんなで てーとてをあわせて うたおうー こえ
ほら みんなで リーズムをあわせて うたおうー こえ
たかく そーらにむかってう たおうー くやんだり な
ひびかせ か ーぜをかんじてう たおうー かなしくて な
ーやんだりしながら も ー まえ むいて おーおきなこえでう
ーみだながしたりして も ー むねはって げーんきなこえでう
たおうー ゆめがある ーから ー うたをうた ーうー
たおうー あしたが ある から ー うたをうた ーうー
ゆめをおい ーかけ ー Let's　　Sing a Song
あしたをゆめ みて ー Let's　　Sing a Song

はじめは、歌に合わせて手拍子。いろいろなリズムで挑戦しよう。

●基本のリズム●
（ン　チャ　ン　チャ）

「チャ」で、手をたたくよ。

●応用編●
（ン　チャ　ンチャ　チャ）
（チャ　ンチャ　チャン）

たたきかたや、たたくところに変化をつけよう

上から下にたたいていったり

ほっぺをたたいたり

友だちのからだをたたいたり

さあ、輪になっておどろう！

はじめから17小節までは、同じ動き。おどりのリズムは、1・2・3・チャ（手をひとつたたく）

♪ ①（さあ） みんなで

右に3歩。——1・2・3　　　　　　　　　　チャ——手をひとつたたく

♪ ②てとてをあわ　　　　　　　　せて

左に3歩。——1・2・3　　　　　　　　　　チャ——手をひとつたたく

①②を1小節ずつくり返す。

♪③ゆめがあるから　　♪④うたをうたう

手をつないで、真ん中に集まる。

手をつないだまま、後ろに下がって大きな輪になる。

♪⑤ゆめをおいかけ　Let's sing a

③④をくり返す。

♪⑥ song

最後の「song」は、足踏みをしながら、つないだ手を前後に振る。

83

おどって にっこり あそびネタ

おにぎり

平田明子／作詞　増田裕子／作曲

おにぎりのおどりなんて、見たこと、ないでしょ！
お昼休み前のたいそうにもできる、楽しいおどりです。

おにぎりたべよう　たきたてのごはん
おにぎりたべよう　たまにはみそつけて

てをぬらししおつけて　あつあつごはん
あみでやいてこげめつけて　カリカリごはん　Fine

にぎればもうえがお　なかになにいれようかな
たべればもうえがお　これからなにしようかな

うめぼしシャケおかか　こんぶもいいね
おさんぽかいもの　ひるねもいいね

ああ　のりをまく　しゅんかん　ああ　たちのぼ
ああ　かぶりつく　しゅんかん　ああ　こみあげ

るうみのかおり　これぞ　にほんの　おにぎり
るこのかいかん　これぞ　にほんの　おにぎり

コーラス　おにぎりにぎにぎ おにぎりにぎにぎ おにぎりにぎにぎ
イエー　イエー　イエー

D.C.

「ン・パッ・ン・ピッ」の
リズムにのっておどろう。

前奏と1番・2番の間奏
前奏は4小節、
間奏は8小節あります。
「パッ」で、左足と両手を右前に出す。手は、ピストルのかたちにする。
「ピッ」は、右足と両手を左前に出す。手は、このときもピストルのかたち。

パッ　　　ピッ

♪　おにぎりたべよう　　　→　　　たきたてのごはん
♪　てをぬらししおつけて　→　　　あつあつごはん

「ン」で両手を開き、「パッ」と「ピッ」で手をたたく
（これは、おにぎりをにぎるつもりで）。

「ン」で両手をにぎり、腰を下げ、「パッ」で、右斜め上に伸びる。
「ン」で両手をにぎり、腰を下げ、「ピッ」で、左斜め上に伸びる。

♪　にぎればもうえがお　　→　　　なかになにいれようかな
♪　うめぼしシャケおかか　→　　　こんぶもいいね

「ン」で両手を開き、「パッ」と「ピッ」で手をたたく
（これは、おにぎりをにぎるつもりで）。

「ン・パッ」で、左手を
内側から外へ出す。

「ン・ピッ」で、右手を
内側から外へ出す。

♪　ああ　のりをまくしゅんかん　　　ああたちのぼるうみのかおり

右回りしながら手を
からだに巻きつけ、
最後は右膝をついて
しゃがむ。

左回りしながら手を
からだに巻きつけ、
最後は左膝をついて
しゃがむ。

85

おにぎり

♪ これぞ　　　にほんの　　　おにぎり

のびあがって、
おにぎりポーズ！

左肩に湯あみの形※。　左肩に湯あみ。

※お風呂で手桶をつかって体にお湯をかけるときみたいに。

♪ イエー　　　イエー　　　イエー

おにぎりポーズのまま、右上に伸びる。

おにぎりポーズのまま、こんどは左上に伸びる。

おにぎりポーズのまま、まっすぐ上に伸びる。

ぱくっ

休符のとき、おにぎりをたべちゃおう！

ここまできたら、また最初にもどっておどろう。

長い間奏
16小節あります。

ちかくにいるひとみんなでおしくらまんじゅう。

Coda
♪あつあつあつおにぎりごはは

上から下へかいぐりして、また、上へ向かってかいぐり。

♪ん

「ん」で、おにぎりポーズ

後奏

広げた手を左右にゆらしながらだんだんしゃがむ

曲の終わりの「ジャジャン！」でジャンプして——

最後はおにぎりポーズ

10 うたおうケロポンズ

ポン ● あれ？　ここのコーナーは？

ケロ ● ケロポンズのバラード曲がなっなんと！　二段譜になっています！

ポン ● お？　つうことはピアノを弾きながらうたえるということですね？

ケロ ● そうですっ。でも、あまり難しく考えずにギターやウクレレで
コードを弾くだけでもいいし、自分にあったやり方で
楽しんでみてください〜。

ポン ● うたうのって気持ちいいなあ〜。ごはんたべるのとおんなじくらい!!

ケロ ● 結局そこに行き着くのかいっ？？

うたおう ケロポンズ

はっぱ

平田明子／作詞　増田裕子／作曲

歌詞:
はっぱ はっぱに かぜ あめが ゆれて いい
るる じめん みなもに ゆう れつ
おあ ちめての ゆくら ふうっと ささや ためいき かけて
つくよう で いるよう で すうっと おねが ねむりに いーをし つくよう で てるよう で

はっぱが かぜに ゆれている
じめんに ゆれて おちてゆく
ふうっと ためいき つくように
すうっと ねむりに つくようで
あたたかい ゆめをみる
たかいそらの ゆめをみる
とりになる ゆめをみる
ささやきかけて いるようで
おねがいを しているようで
みなもに うつる あめのそら
はっぱに あめが ふっている
たかいそらの ゆめをみる
とりになる ゆめをみる
いいかんじの ゆめをみる
うとうと ゆめをみる
ふかいあおの ゆめをみる
あぶくにつつまれ ゆめをみる
いいかんじの ゆめをみる
とりになる ゆめをみる
たかいそらの ゆめをみる

うたおうケロポンズ
りんご

平田明子／作詞　増田裕子／作曲

くだらないはなしして
わらっていた
今となっては なんだったのか
おもいだせない
キミの笑ったかおを みていると
ついついつられて
わらってしまうのさ

※しあわせってそんなに
遠いものじゃなくて
しあわせってそんなに
むずかしいことじゃなくて
りんごをがぶりと食べる
そんなことなのかもしれない

なんだかむしゃくしゃして
ないていた
今となっては もうどうだって
よかったこと
キミのそばに すわってると
なんだか こころが
ほーとしてしまうのさ

※（くり返す）

キミの食べてるりんごを
よこどりして ひとくちかじる
ああ おいしいと こころから
そう思った
これが りんごだとね
りんご りんご

Wonderful Life

うたおう ケロポンズ

平田明子／作詞　増田裕子／作曲

ひろいそらに うかんでる
しろい雲に なりたいな
風にのって たびをする
知らないくに どこまでも
この Wonderful Life
この Wonderful Life

いつまでも そらをとべる
こころをもっていきたい
この人生は わたしの Wonderful Life

あおいうみに およいでる
しろいさかなに なりたいな
なみにゆられ たびをする
こころのまま どこまでも
この Wonderful Life
この Wonderful Life

いつまでも おわらない
いのちは つながってゆく
この人生は わたしの Wonderful Life

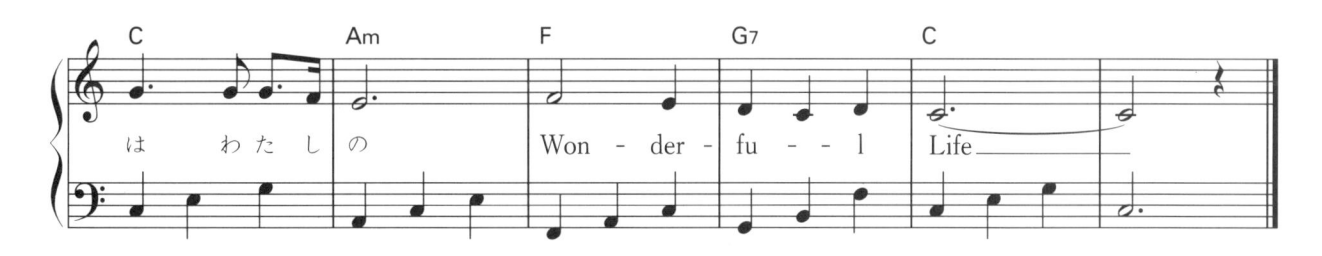

たっぷりあそんだあとは
おなかいっぱい
「おにぎり」をどうぞ。

ケロポンズのCD「おにぎり」には、この本に載っている歌やあそびの曲が入っています。
2003年5月と6月に北海道にある、クニ河内さんのスタジオで録音しました。
北海道の自然とやさしくてあったかな人に囲まれて、とってもおいしいCDになりました。

「おにぎり」
（カエルちゃん税込 3,000円）

北海道直産
レコーディング
Photo Gallery

01 おにぎり （P84掲載）

ケロが湘南の海を歩いているとむこうからランニングに短パン姿で放浪しているポンがやってきました。とてもおなかがすいているようなのでおにぎりをあげましたらこんな歌が生まれましたとさ。（ケ）
ごはん好き！　おにぎり大好きッ！　あの、作りたてのおにぎりをがぶっ！　っといった瞬間の幸せったらっったらったらたらっ！（ポ）

02 オサルデサルサ （P38掲載）

サルサってほんとはペアで濃厚に踊るダンスミュージックらしいけれど、なんとなくかわいいラテンといった感じのメロディーになってしまいました。ひとりでもふたりでも陽気に楽しく歌って踊ってくださるさ〜！（ケ）
友人のオサルちゃんの結婚祝いに作りました。モチ旦那さんはドラマ〜！　ケロの心地よいサウンドが冴え渡る1曲！（ポ）

03 旅はケロポン世はケロリ （P5掲載）

途中、浪曲もどきをクニさんの指導の元に、生の三味線にあわせて歌うという貴重な体験をしました。まさにお気楽な旅ガラスのけろぽんにぴったりのテーマソングとなりました。（ケ）
これはもともと趣味の版画でケロとポンが江戸を旅しているものを作ったのがはじまりです。そこから想像が膨らんで…（ぽわわん）。コンサートをしながら日本を回っていると、この曲が頭に流れるんだわ〜。（ポ）

04 ロックじゃんけん （P12掲載）

バンドのみなさんはロックがお得意。自分が作曲したメロディーがこういう風にかっちょいいサウンドになってうれしいぜいっ。ロッカーポンチが野太い声でかっちょよく歌っています。（ケ）
じゃんけんはロック！（ポ）

05 南国のうた （P82掲載）

楽屋で鼻歌してたら、相方ポンチがそれに詞をつけてくれました。ありがたいにゃ〜〜。自然発生的に生まれた歌は、歌っていてもやはり気持ちよくにゃにゃにゃにゃ〜〜なのだ。（ケ）
むちゃむちゃ気持ちのいい曲。聞いていると寝てしまいます。これはケロちゃんの鼻歌から生まれた曲。鼻歌で歌うとますます気持ちいい歌。（ポ）

06 まかせてください （P79掲載）

新沢としひこくんがポンちゃんをイメージして詞を書いてきてくれたのですぐに曲をつけました。そのうちポンチベストアルバムを出したいものです。（ケ）
おれってこんな人かよお〜〜??　といいつつ嬉しい1曲。お好み焼きの歌詞が広島出身者としてはうれしいですぽん!!（ポ）

07 荒野のカウボーイ （P34掲載）

父が西部劇が大好きで、こどもの頃しょっちゅうテレビで一緒に見ていました。クニさんも西部劇大好きだったそうです。まさにあのころの西部劇を彷彿とさせるすばらしいアレンジにぐっときます。（ケ）
カウボーイってかっこいい。それに尽きます。ステージでこれを歌うケロちゃんもむちゃくちゃかっこいいんですぜいっ！　やっ！（ポ）

CDジャケット撮影地は神奈川県です。
撮影は、柳幸生さん。

08 はっぱ（P88掲載）

とても繊細な相方ぽんちの詞をこわさないようにそっとメロディーをつけてみました。歌うとちょっとむずかしいけれどケロポンズの子守歌という感じで聴いてほしいです。（ケ）
これはもう10年以上前に書いた詞です。ひのめをみてうれしい。（ポ）

09 ぼくらのタンザニア（P20掲載）

アフリカ旅行に行ったとき、移動中のバスの中で、赤い砂埃の道をみながら、ふと頭に浮かんできたメロディーにポンちゃんがすてきな詞をつけてくれました。タンザニアのみなさん、アサンテ・サーナ！（ありがとう〜！）（ケ）
サバンナを車で移動中、ケロちゃんが急にノートとペンをだして何やら書き始めたんです。曲が浮かんだっていうの。今でもこの曲を聴くとあのタンザニアの光景が！（ポ）

10 もちもちやっほい！（P70掲載）

台湾の観光地で見た踊りに触発されてできた歌です。なにも言わなくても中国のドラを入れたりするクニさんのアレンジ。さすが師匠！ です。（ケ）
昔の豊作祝いのうたのイメージ。今年もたくさんとれたよ。よかったね!! って喜びをこめて。（ポ）

11 はるなつあきふゆ（P8掲載）

月刊「クーヨン」2003年4月号に載せた時は「はる」だけだったんだけど四季を全部とりいれたら、なんとなくほのぼのとしたやさしい歌となりました。（ケ）
四季のある国にうまれてよかったなあとおもいます。どの季節もそれぞれよくてすてきだなあ。（ポ）

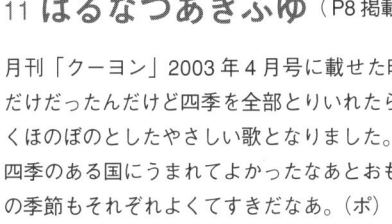

おにぎりバンド
ギター・下畑薫
ドラムス・ジーノ秋山
ベース・大西真
キーボード・石井為人
パーカッション・野田美佳
アレンジ＆キーボード＆コーラス・クニ河内

12 ふれあいポンチ（P42掲載）

近所の八百屋のおじちゃんとか通りすがりのおばちゃんとか、誰とでもすぐふれあえるポンチの人間性。ポンチをつけるだけで歌が生まれるポンチの人徳はわが相方ながらすばらしいぽんっ！（ケ）
さすがケロしんちゃんコンビ！ すっごく大好きな1曲です。（ポ）

13 りんご（P90掲載）

ケロ自身とても好きな歌です。野田美佳ちゃんのマリンバがころころとりんごがころがっているようです。ちょっとせつなくてしみじみするアレンジが心にしみわたります。（ケ）
うちのおじいちゃんはりんごを作っています。だからりんごは小さいころからわたしにとって身近でとっても大事な存在でした。（ポ）

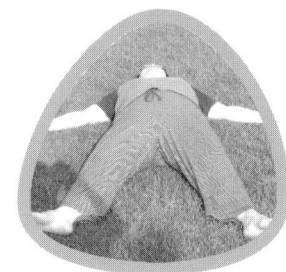

14 Wonderful Life（P92掲載）

はじめにメロディーができました。ぽんちゃんがけろんらしい詞をつけてくれました。からっとさりげなく、でも力強く。これからもワンダフルライフだ〜！（ケ）
嬉しいこと、悲しいこと、悩んだり、喜んだりいろ〜んなことがあるけれど、ど〜んなんでもそれぞれ自分のワンダフルライフじゃあ〜!! ケロちゃんの美しくでも力強い曲に励まされて出来た歌です。（ポ）

この本に掲載されている楽譜のうち、「おにぎり」に収録されていない歌は、CD「ケロポンズのあそびネタアルバム」に収録されています。詳しくはカバー袖をごらんください。

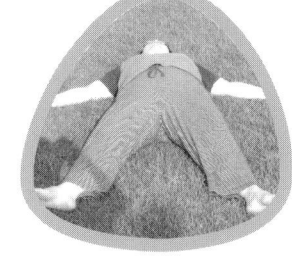

ケロポンズの あそびネタ 2

・・・・・・・・・・・・・・・・・・・・・・・・・・・・・

ケロポンズのあそびネタ2
2004年4月　第1刷
2006年7月　第2刷

著者 ● ケロポンズ（増田裕子・平田明子）
表紙 ● 100％ ORANGE

表紙・本文デザイン ● 小久保美由紀

写真 ● 田中亜人
本文イラストレーション ●
相野谷由起・田中暎子・ケロポンズ・まつしたののこ
楽譜浄書 ● 石原楽譜

編集 ● 松沢清美

発行 ● カエルちゃん
〒180-0004　東京都武蔵野市吉祥寺本町2-12-3-202
tel 0422-22-9004　fax 0422-22-9045
E-mail　kaeruchan@kaeruchan.net
URL　　http://www.kaeruchan.net

発売 ● クレヨンハウス
〒107-8630　東京都港区北青山3-8-15
tel 03-3406-6372　　　fax　03-5485-7502

印刷・製本 ● ㈱ユー・エイド

© MASUDA,YUKO/HIRATA,AKIKO 2004年

ISBN4-86101-018-7　C0076　￥1905E
日本音楽著作権協会（出）0404259-401

初出『月間クーヨン』（クレヨンハウス刊）
2002年4月号～2004年3月号連載「ケロポンズのあそびネタ」、
2001年12月号掲載「ケロポンズのパネルオペレッタシアター
ゆきだるまのサンタさん」
編集内容に関するお問い合わせは、「カエルちゃんオフィス」まで。
乱丁・落丁本はクレヨンハウス販売部までお送りください。
送料小社負担でお取り替えいたします。
本書の一部または全部を、無断で転載・放送することは、
著作権法上の例外を除いて、禁じられています。